AI는 어떻게 마케팅의 무기가 되는가

AI는 어떻게 마케팅의 무기가 되는가

1판 1쇄 인쇄 2025. 5. 12.
1판 1쇄 발행 2025. 5. 21.

지은이 서양수

발행인 박강휘
편집 김애리, 봉정하 | 디자인 유상현 | 마케팅 이서연 | 홍보 박은경, 이아연
발행처 김영사
등록 1979년 5월 17일(제406-2003-036호)
주소 경기도 파주시 문발로 197(문발동) 우편번호 10881
전화 마케팅부 031)955-3100, 편집부 031)955-3200 | 팩스 031)955-3111

값은 뒤표지에 있습니다.
ISBN 979-11-7332-204-4 03320

홈페이지 www.gimmyoung.com   블로그 blog.naver.com/gybook
인스타그램 instagram.com/gimmyoung 이메일 bestbook@gimmyoung.com

좋은 독자가 좋은 책을 만듭니다.
김영사는 독자 여러분의 의견에 항상 귀 기울이고 있습니다.

AI는 어떻게 마케팅의 무기가 되는가

서양수 지음

현업 마케터의
인사이트로 읽는
AI 마케팅 오늘부터
시작하는 법

김영사

이 책의 인공지능 기술 관련 내용은 한국지능정보사회진흥원(NIA) 지능기술인프라 본부장이자,
고려대학교 기술경영전문대학원에서 인공지능을 강의하는 김은주 교수의 감수를 거쳤다.

변화와 본질 사이에서

옛날 옛적 인도에 한 고양이가 있었다.

고양이는 사원 근처에 살았는데, 구루가 예배를 준비할 때면 어김없이 나타났다. 그리고 특유의 발랄함으로 아슈람 여기저기를 돌아다녔다. 분위기는 금세 산만해지고 사람들의 신경은 예민해졌다. 그러거나 말거나 고양이는 자기 할 일을 할 뿐이었다. 처음에 사람들은 그 녀석을 내쫓아보려 했다. 하지만 예나 지금이나 고양이는 사람 말을 듣지 않는다. 어쩔 수 없이 구루는 고양이를 나무 기둥에 묶었다. 그 덕에 무사히 예배를 시작할 수 있었다. 그때부터였을까. 사원에서는 예배 시작 전에 고양이를 묶어두는 일이 루틴이 되었다.

그리고 오랜 세월이 지나 구루가 죽었다. 그가 죽고 나서도 고양이를 묶는 루틴은 계속됐다. 그리고 시간이 더 지나자 고양이도 늙어 죽었다. 사람들은 고민했다. "어쩌지? 이제 고양이가 없는데?" 어쩌긴, 적극적으로 행동하는 사람들은 어디에나 있었다. 그들은 옆 마을까지 가서 다른 고양이를 구해 왔다. 그리고 성실히 루틴을 실행했다. 언제나처럼 예배 전에 고양이를 나무 기둥에 묶은 것이다.

더 많은 시간이 흘러, 이제는 첫 번째 고양이의 모습을 기억하는 이들도 드물었다. 그즈음 구루의 제자 중 한 사람이 다음과 같은 논문을 썼다고 한다. 〈모든 예배의 필수 요건으로서 고양이에 관하여〉. 이제 고양이는 예배를 위한 의례가 된 것이다. 고양이가 없으면 예배를 시작할 수도 없었다. 왜 고양이를 나무에 묶어두기 시작했는지, 관심을 갖는 이는 없었다.°

변화와 본질

제자들의 어리석음에 헛웃음이 나왔는가? '치즈냥이' 한 마리를 키우고 있는 나는 고양이가 얼마나 발버둥 칠지 뻔히 그려진다. 그런데도 끙끙거리며 고양이를 묶고 있을 제자들을 상상하니 피식 웃음이 나와버렸다. 그래도 마냥 웃고 있을 수만은 없다. 이 이야기는 불편하지만 결코 피해서는 안 되는 두 가지 시사점

° 앤소니 드 멜로의 책 《종교 박람회》에 나오는 이야기 〈구루의 고양이〉를 각색했다.

을 담고 있기 때문이다.

첫째, 세상의 '변화'를 인식해야 한다는 것이다. 환경이 변했다면 그에 따른 대응 전략도 변해야 한다. 제자들은 고양이가 죽어서 '바뀐 상황'에 제대로 대응하지 못했다. 이제 사원에서 조용히 예배를 드릴 수 있는 기회였는데 그걸 놓쳤다! 그리고 현상만을 좇아 과거의 상황(고양이 묶어두기)을 그대로 복원하는 데 집중했다. 무엇이 변했는지, 대체 이 변화의 의미는 무엇인지에 대한 고찰이 없었기 때문이다.

둘째, '본질'을 잊어서는 안 된다는 것이다. 본질은 우리가 이 일을 왜 해야 하는지 생각하고 고민해야 알 수 있다. 하던 대로 그대로 반복하다가는 본질을 잊기 십상이다. 제자들 역시 같은 우를 범했다. 본질을 망각한 채 늘 하던 대로 자기 일을 했다. 그것도 '성실히' 말이다. 우리가 일을 할 때도 마찬가지다. 이 일을 왜 하는지 기억하고 고민하는 것, 즉 본질을 아는 것은 중요하다. 그것은 필연적으로 맞닥트릴 문제를 해결하는 힘이 된다. 그리고 길을 잃었을 때 방향을 잡는 나침반이 된다.

이 두 가지는 바로 이 책에서 다룰 핵심적인 내용이다. '변화'에 대한 이야기를 하기 위해, 이 시대의 가장 큰 변화인 AI를 주제로 정했다. 실제로 AI를 활용해 콘텐츠를 제작하고, 성과로까지 연결해내는 브랜드들에 대한 이야기다. 케이스 스터디라고 봐도 좋겠다. 총 12개의 케이스를 엄선했다. 도브, 나이키, 하인즈, 버거킹, 코카콜라 등 마케팅을 이야기할 때 빼놓을 수 없는 글로벌 리딩 기업들의 사례를 주로 담았으며, 가급적 글로벌 광고제에서 수상한 사례를 활용하고자 했다. 이들의 이야기를 통해 변화에 대응하는 마케팅 전략을 함께 고민해보자.

'본질'에 대한 이야기는 각 장별로 한두 편을 구성해 'Insight'라는 말머리를 붙였다. 지금 마케팅 현장에서 일어나고 있는 이슈들을 살펴보고 그것의 의미를 해석하며 본질이 무엇인지 함께 고민해볼 수 있는 글들로 구성했다. AI 노출 알고리즘, 신념을 바꾸는 설득의 기술, 격변의 시대에 브랜드가 살아남는 법, AI의 고객 분류 방법, 콘텐츠 마케팅 생태계의 변화, 쿠키리스 시대와 광고의 미래 등의 내용을 담았다.

본질과 변화. 그것은 얼핏 보면 정반대를 향하고 있는 것처럼 보인다. 본질은 변하지 않으며 추상적인 것이고, 세상의 변화는 계속해서 바뀌며 눈앞에 실재하는 것이기 때문이다. 하지만 본질은 변화 속에서 무엇이 중요한지를 판단하는 기준이 된다. 그리고 변화는 계속해서 바뀌는 현상 속에서 변하지 않는 본질이 무엇인지를 생각하게 만든다.

다시 인도 고양이 얘기로 돌아가보자. 예배의 본질이 무엇인지 알고 고양이의 죽음이 우리에게 어떤 의미인지 이해한 제자라면 전혀 다른 솔루션을 찾았을 것이다. 진단이 다르니 대응도 다를 수 있다. 그렇다면 우리는 AI가 촉발한 세상의 변화를 어떻게 진단해야 할까. 그리고 브랜드는 어떻게 대응해야 할까. 앞으로의 글이 그러한 솔루션을 찾는 데 기여할 수 있길 바란다.

지금 우리가 주목해야 할 것

2022년 말 챗GPT가 세상에 처음 등장한 이후, 불과 몇 년 만에 AI 기술은 상상을 초월하는 속도로 발전했다. 오픈AIOpenAI는 세계에서 가장 주목받는 기업이 되었고, 그에 버금가는 앤스로픽Anthropic 같은 기업도 등장했다. 한편 중국에서 개발한 딥시크DeepSeek의 탄생은 미국이 주도하는 AI 시장에 근본적인 변화가 일어나고 있음을 암시한다.

미드저니Midjourney나 달리DALL·E 같은 이미지 생성 AI에 놀란 것도 얼마 되지 않았는데, 이제는 런웨이Runway, 소라Sora, 비오Veo 같은 AI가 영상까지 척척 만들어낸다. 미국 대학 입학 자격시험SAT에서 AI가 읽기와 수학 영역 모두 상위 10퍼센트 안에 드는 성과를 보여준 것은 이미 과거의 일이 되었고, 미국 변호사 시험에서 우수한 성적을 거둔 사례도 있다. 더 나아가 2024년 노벨 물리학상과 화학상 수상은 AI의 도움 없이는 불가능했을 정도다.

흥미로운 점은 AI 모델의 규모가 커질수록 이전에는 볼 수 없었던 능력이 갑자기 나타나는 이른바 '창발적 현상Emergent Abilities'이 관찰된다는 점이다. 예컨대 작은 모델은 고양이를 알아보지 못하지만, 모델이 커지면 고양이를 인식하고, 더 큰 모델은 언어를 이해하고, 더욱더 큰 모델은 물체를 식별할 수 있게 되는 것이다. 이런 능력은 모델의 학습 과정에서 사람이 명시적으로 가르쳐준 것이 아니라 AI 모델이 스스로 학습하며 터득한 것이다. 따라서 모델의 규모가 확대됨에 따라 우리가 또 어떤 창발적 현상을 마주하게 될지 예측하기 어렵다. 지금 우리는 AI의 폭발적 발전 시기를 지나고 있는 것이다. 이런 이유로 학계에서는 AI가 인류 전체의 지능을 뛰어넘는 특이점singularity이 이르면 수년 내에 도래할 것이라는 예측도 나오고 있다.

한편, 그러한 논의와는 별개로 AI는 자기 갈 길을 쉬지 않고 가고 있다. AI가 만들어내는 결과물이 우리 주변을 빠른 속도로 채워가고 있는 것만 봐도 그렇다. 오리지널리티 AI Originality. ai라는 사이트는 구글 검색 결과 중 AI가 만들어낸 콘텐츠가 얼마나 되는지를 조사해 발표하고 있다. 인기 검색어 500개 중 상위 20개의 검색 결과를 수집해, 그중 AI가 생성한 결과물의 비중을 계산하는 방식이다. 이들의 조사에 따르면 2024년 11월 기준, 온라인상에서 AI가 생성한 콘텐츠는 약 18.5퍼센트다. 상위 20개 검색어의 결과가 그렇다는 말이다. 하위권 검색어로 갈수록 저품질의 AI 콘텐츠가 더 많이 포진해 있을 가능성이 높다. 주목해야 할 부분은 바로 '가파른 기울기'다. 이는 온라인상에서 AI가 만든 콘텐츠의 비중이 기하급수적으로 증가하고 있다는 의미다. 아마도 머지않아, 웹에 존재하는 대부분의 콘텐츠를 AI 생성물이 채우게 될 것이다.

하지만 화려한 전망과는 달리, 실제로 마케팅업계의 다양한 이들을 만나보면 AI를 광고 제작에 직접 활용하는 곳은 많지 않다. 특히 생성형 AI로 이미지나 영상을 제작해 현업에 적용하는 경우는 드물다. 일부 활용한 곳이 있다 하더라도 이슈화를 위해 일회성으로 이용했을 뿐, 반복해서 시도하는 경우는 많지 않다. 업무 프로세스를 바꾸려는 시도도 찾기 어렵다. 코로나19 팬데믹 시기, 야외 촬영 대신 AI로 후반 작업을 진행한 사례가 처음 등장했을 때 업계는 술렁였다. 비싸고 시간도 오래 걸리는 광고 제작 환경이 큰 변화를 맞이하게 될 것이라는 기대 때문이었다.

그렇지만 기대가 현실로 이루어지기까지는 아직도 시간이

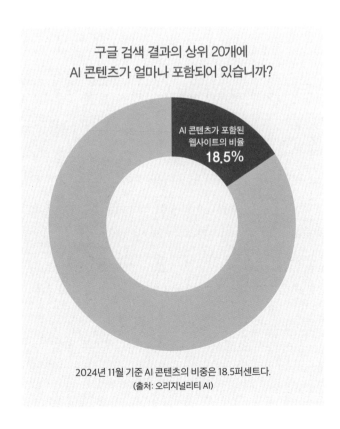

구글 검색 결과의 상위 20개에
AI 콘텐츠가 얼마나 포함되어 있습니까?

AI 콘텐츠가 포함된
웹사이트의 비율
18.5%

2024년 11월 기준 AI 콘텐츠의 비중은 18.5퍼센트다.
(출처: 오리지널리티 AI)

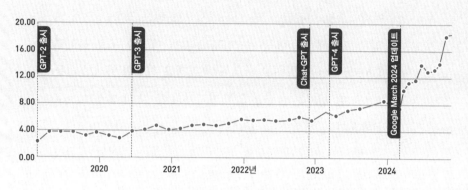

AI 콘텐츠가 포함된 웹사이트 비율 추이

시간이 지날수록 AI 콘텐츠의 비중은 가파르게 증가하고 있다.
(출처: 오리지널리티 AI)[1]

더 필요해 보인다. 업계의 마케터들을 만나보면 제작 실무에 생성형 AI를 적용하지 못하는 이유는 많다. 누군가는 AI가 아직 완성도가 부족하다고 말하고, 또 누군가는 굳이 모험을 할 필요가 없다고 말한다. 다른 누군가는 비용이 이중으로 들 것(생성형 AI 제작 비용＋퀄리티를 높이기 위한 후반 보정 작업)이라고 하고, 또 누군가는 그걸 한다고 이슈가 되는 시기는 지났다고 한다. 그럼에도 불구하고 우리가 꼭 기억해야 할 게 있다.

'지금 이 순간에도 누군가는 성과를 만들어내고 있다는 것이다.'

도브Dove는 챗GPT가 가진 편향성을 역으로 이용해 완성도

높은 캠페인을 만들었다. 프랑스의 통신 기업 오렌지Orange는 딥
페이크 기술로 여자 축구에 대한 선입견을 무너트렸다. 나이키
Nike는 머신러닝Machine Learning 기술을 통해 불가능한 스포츠
매치를 성사시켰고, 미국의 이동통신사 민트 모바일MintMobile은
챗GPT의 엉성한 스토리와 뜬금포 같은 카피를 그대로 읽으며
위트 넘치는 광고를 만들었다. 하인즈Heinz는 AI를 통해 브랜드
헤리티지(유산)를 돋보이게 하는 광고를 만들어 칸 라이언즈 광
고제에서 그랑프리를 수상했다. 이 책에서는 바로 그들의 이야기
를 자세히 다룬다. 그들이 만들어내는 성과도 놀랍지만, 브랜드
와 AI를 바라보는 관점과 AI를 무기로 다루는 기술은 가히 주목
할 만하다. 그들의 거침없는 행보를 따라가보며, 과연 우리 브랜
드에 적용할 수 있는 것은 무엇인지 생각해보길 바란다.

마케팅의 본질은 바로 고객의 관심을 끌고 우리 브랜드를
좋아하게 만드는 것 아닐까. 변화를 인식하고 그 변화를 활용해
마케팅의 본질에 다가가는 사례들을 파헤쳐보자. 현실의 벽에 부
딪혀 좌절하고 있을 시간이 우리에겐 없다.

AI는 콘텐츠 마케팅을 어떻게 바꿀까.

아이디어와 통찰을 나누는 자리에 지금 여러분을 초대한다.

1부

그래서 혁신은
비주류에서
일어난다

1장

개인이 일으키는 혁신의 서막

생성형 AI는 광고 사업을 어떻게 바꿀까. 지금 일어나고 있는 변화들을 살펴보고자 한다. 뜬구름 잡는 AI 이야기가 아니다. 실제로 콘텐츠 마케팅에 적용되고 성과를 만들고 있는 다양한 사례들을 살펴볼 것이다. 사례들을 하나씩 따라가다 보면 부지불식간에 저마다의 통찰을 길어 올릴 수 있지 않을까. AI를 활용한 광고, 그 첫 번째 사례를 소개한다.

순도 100% 생성형 AI 영상의 등장

"이거 봤어?"

업계 사람들이 모여 있던 단톡방에 링크 하나가 돌았다. 볼보Volvo의 광고였다. 100퍼센트 생성형 AI로만 만들었다고 하는

데, 높은 완성도를 보여주고 있었다. 사실 그동안 AI가 만든 결과물은 어색해 보이기도 하고 AI가 만든 티가 확실히 났는데, 이 영상은 달랐다. "이 정도면 굳이 촬영이 필요 없겠는데?" 하는 반응이 쏟아졌다.

영상을 좀 더 자세히 소개하자면 이렇다. 황량한 도시, 회색빛 도로를 질주하는 볼보 XC60이 등장한다. 카메라는 거침없이 해당 차량을 따라간다. 볼보가 지나가는 길마다 작은 변화가 시작된다. 바로 새싹이 자라나는 것이다. 그러다 나무들이 자란다. 급기야 볼보가 지나간 길은 숲이 돼버린다. 볼보가 추구하는 친

생성형 AI로 만든 비공식 볼보 광고

https://www.youtube.com/watch?v=TLxpfN23fGA&t=1s

환경의 가치를 시각화한 것이다.

그런데 이 영상에는 한 가지 비밀이 숨어 있다. 실은 볼보가 제작한 영상이 아니라는 점이다. 그럼 누굴까. 라즐로 갈Laszlo Gaal이라는 개인이다. 물론 그는 디자인 산업에 종사하고 있는 업계 전문가(컬러리스트)이긴 하지만 이걸 만드는 데 고작 24시간밖에 걸리지 않았다고 한다. 바로 생성형 AI를 사용해서 말이다. 여기서 시간이 얼마 걸리지 않았다는 게 중요한 점이다. AI를 통해 머릿속으로만 생각하던 결과물을 바로바로 확인할 수 있게 되면서, 앞으로 일하는 방식과 산업의 밸류체인이 완전히 바뀌게 될 것이라는 의미이기 때문이다.

보통 기업에서 광고를 기획하고 촬영을 진행한 뒤 후반작업까지 마무리하는 데는 최소 4주가 걸린다. "이건 긴급 건이에요!"라는 말이 업계에서 두루 사용되는 인사말 같은 것이긴 한데, 아무리 긴급 건으로 처리하더라도 촬영 스케줄을 잡고 편집을 하는 데 몇 주가 훅 가버리는 건 예삿일이다. 게다가 벽에서 피어나는 새싹을 CG로 심으려면? 하… 광고 대행사를 아무리 재촉해봐야 "차장님, 잘 아시잖아요"라는 말을 듣기 십상이다. 알긴 뭘 아는가. 여기저기에서 시사 보고 언제 하냐고 물어올 때면 속이 까맣게 타들어간다. 그러다 보면 '내가 다시는 CG 많은 광고 하나 봐라!'라고 혼잣말을 하며 어금니를 깨물게 된다.

그런데 위 영상을 제작한 라즐로 갈은 AI로 영상을 생성하고 필요한 부분을 선택해 편집하는 데까지 딱 하루가 걸렸다.[2] 흥미로운 점은 이 영상 제작에 사용된 플랫폼이 일반인에게도 공개된 생성형 AI 런웨이 Gen-3라는 것이다. 런웨이는 대표적인 영상 생성 AI인데, TTV Text To Video가 가능하다. 쉽게 말해 텍스트로 프롬프트만 입력하면 영상으로 변환해준다. 그러니까 우리도 지금 당장 프롬프트만 잘 입력하면 볼보 광고와 같은 영상을 만들어낼 수 있다.

물론, 엄밀히 말하자면 로고나 번호판 등 디테일한 부분은 보정 작업을 했다고 한다. 그리고 영상 속 차량과 실제 차량이 세세한 부분에서 차이가 있는 것으로 나타났다. 브랜드에게 이러한 부분은 결코 타협할 수 없는 지점이다. 실제 광고 촬영장에서 제품을 얼마나 귀중하게 다루는지, 또 로고나 제품 디테일을 잘 살리기 위해 얼마나 노력하는지를 고려할 때, 아직은 AI가 가진 한계가 있는 것 같다. 제작자도 바로 그 점을 보완하기 위해 하나의

영상 생성 AI 런웨이에서 소개하고 있는 데모 영상
(출처: 런웨이 홈페이지)

https://runwayml.com/research/introducing-gen-3-alpha

클립을 길게 사용하는 대신 의도적으로 짧게 끊어가며 역동적인 구성을 연출한 듯하다. 그럼에도 불구하고 짧은 시간에 이 정도의 완성도를 구현해낸 것은 과거라면 상상하기 어려운 일이다.

프롬프트만으로 만든 디올 영상

유사한 사례는 또 있다. 볼보의 영상에서 영감을 받았는지 이번에는 디올 광고가 등장했다. 마찬가지로 100퍼센트 생성형 AI로만 만들었다고 한다. 역시나 디올과는 관련이 없는 프로덕션에서 제작했다. 세르비아에 본사를 둔 다빈치 프로덕션Davinci Production이라는 곳에서 만들었는데, 해당 업체의 공동 창립자인 데이비드 블라고예비치David Blagojevic의 링크드인에 처음 공개됐다.[3] 영상을 보면 몽환적인 분위기 속에 디올만의 고급스러움이 절묘하게 담겨 있다. 실제로 이런 연출을 CG를 통해 표현하려면 긴 시간과 많은 비용이 들 수밖에 없다. 하지만 이 영상은 촬영은 전혀 하지 않고, 오로지 프롬프트만으로 이런 결과물을 만들어냈다.

이 영상은 볼보 영상보다 한 단계 더 진화한 것으로 보이는데, 그 이유는 바로 사람이 등장했기 때문이다. 우리는 본능적으로 사람이 화면에 등장하면 시선을 맞추게 된다. 또한 매력적인 모델은 동물, 아기와 함께 3B Beauty, Beast, Baby라고 하여 광고에서 시선을 끄는 전통적 요소로 사용돼왔다. 그럼에도 불구하고 볼보 영상에 사람을 등장시키지 않았던 데는 그만한 이유가 있었다. AI가 만들어낸 사람은 웬만한 완성도로는 조악해 보여서다. 생성형 AI 초반에는 손가락이 여섯 개인 사람이 등장하기도 했고, 근육의 움직임이 어색했다. 사람과 어설프게 닮은 모습은 '불쾌한 골짜기'가 떠오를 만큼 부자연스럽기도 했다. 볼보 영상은 불완전하게 보여주기보다는 아예 등장시키지 않는 방법을 선택했던 것이다.

하지만 이번 디올 영상은 분명히 다르다. 시종일관 모델이 등장할 뿐 아니라 어색함도 거의 없다. 생성형 AI의 공통적 한계로 꼽히는 '등장인물의 일관성 문제'도 없는 듯 보인다. 생성형 AI에서는 프롬프트를 아무리 정교하게 입력해도 동일한 사람의 모습을 일관되게 만들어내기 어렵다. 이런 한계 때문에 모델을 일관되게 표현하기 위해서는 별도의 보정이 필요하다. 제작사

생성형 AI로 만든 비공식 디올 광고

https://www.youtube.com/watch?v=X2YMbaCdaK4&t=1s

측에서도 이 문제를 해결하기 위해, 생성형 AI 파인튜닝 기법인 LoRALow-Rank Adaption°를 활용해 인물을 보정했다고 밝혔다. 결국, 생성형 AI에 자사의 기술을 더해 완성도 높은 결과를 만들어낸 것이다.

그런데 이 영상에는 논란이 될 만한 부분이 있었다. 바로 광고에 등장하는 사람이 실존 인물(리한나, 에밀리아 클라크)이라는 점이다. 안타깝게도 모델과 사전 협의는 없었다. 제작사에서는 영상을 공개할 때 면책 조항disclaimer이라는 코멘트를 달아 "본 영상은 데모 영상이며, 디올과 사전 협의되지 않은 AI 영상이다"라고 밝혔을 뿐이다. 법적 리스크를 지고 이런 시도를 한 게 의아하지만, 무리수를 두어서라도 자사의 기술력을 직접 보여주고 싶었던 것 같다. 또한 유명인의 모습을 생성해내면 완성도가 떨어질 경우 사람들이 바로 알아챌 수 있는데 어디 한번 확인해보라는 의도가 있을 수 있다. 이러한 시도는 현재의 AI 기술이 어디까지 왔는지를 보여주는 의미 있는 도전이자 도발이었다고 본다. 그리고 앞으로 광고업계에서 이 기술을 어떻게 적용해나갈지 하나의 화두를 던진다.

○　AI 모델을 미세 조정하여 맞춤화된 모델을 생성하는 방법이다. 현재 가장 많이 쓰이는 대형 언어 모델(LLM, Large Language Model)은 범용적으로 사용되는데, 브랜드나 AI 회사가 좀 더 맞춤화된 자산을 원할 경우 LoRA를 활용하여 오픈소스 모델을 훈련할 수 있다.

기존 질서를 허무는 혁신

누구나 접근 가능한 생성형 AI의 완성도가 이렇게까지 높아졌다는 것은 그 의미가 남다르다. 사실 기업이 AI의 힘을 빌려 제작한 영상들은 과거에도 있었다. 그런데 모두 값비싼 비용을 치러야 했고 시간도 오래 걸렸다. 비슷한 영상을 개인이 직접 재현해보기가 쉽지 않았던 이유다. 그런데 요즘 등장하고 있는 생성형 AI는 분명 다르다. 런웨이는 물론이고, 그 후 소라Sora와 비오 2 Veo 2도 업데이트를 발표했다.

특히 비오 2는 2025년 현재, 가장 완성도 높은 결과물을 보여주고 있다. 실제로 데모 영상을 보면 믿기 어려울 정도로 사실적이다. 예컨대 물속에서 고양이가 고무공을 가지고 노는 영상이 있는데, 이걸 구현하기 위해서는 각 오브젝트의 질감과 물리법칙이 모두 고려되어야 한다. 물속에서 고양이의 움직임이나 물의 일렁임, 기포, 수면 위의 빛 반사 등이 제대로 구현되어야 하는 것이다. 그런데 시연 영상에서는 이 모든 것의 상호작용이 오차 없이 구현되어 실제로 촬영한 영상처럼 보인다. 이 모든 것을 그저 텍스트 입력만으로 구현해냈다는 게 신기할 따름이다. 할리우드에서 활동하는 모션그래픽 디자이너 '김그륜'의 영상이 유튜브에 있으니 꼭 한번 직접 보길 권한다.[4] CG 전문가인 그도 "어이가 없을 정도로 충격적이었다"라고 극찬한 바 있다.

이러한 생성형 AI는 개인 크리에이터에게 그야말로 마술봉을 쥐여준 것이나 다름없다. 우리는 유튜브라는 플랫폼이 생기고 나서 수많은 유튜브 스타의 등장을 지켜봤다. 방송사의 도움 없이 개인의 매력이나 능력만 가지고 스스로 스타가 된 사람들. 그들의 성공 스토리를 우리는 너무나 많이 알고 있다. 같은 방식으로 온라인 쇼핑몰이 생긴 이후 패션 산업에 큰 변화가 있었다. 대규모의 자본 투입 없이 개인 쇼핑몰로 시작해 스타 브랜드로 성장한 사례가 대표적이다.

이렇듯 기술의 발전이 기존의 산업 구조를 흔들어버린 사례는 역사에서 수도 없이 많이 찾을 수 있다. 그야말로 혁신이 기존 권력을 무너트리고 신흥 강자를 만들어내는 것이다. 나는 생성형 AI의 등장이 마케팅업계의 기존 질서를 무너트리고 신흥 강자를 탄생시키는 중이라고 본다. 볼보와 디올의 비공식 영상은 그중 일부일 뿐이다. 앞으로 제2, 제3의 볼보 영상은 끊임없이 등장할 것이다. 그리고 그들의 도발은 분명 기존의 제작 방식을 바꿀

생성형 AI 비오 2로 제작한 영상

https://www.youtube.com/watch?v=Eyj-i0euL9M&t=4s

것이다. 이제는 창의적인 상상력으로 기획하는 사람과 그것을 AI로 구현해내는 사람이 업계를 재편할 것으로 보인다. 그래서 머지않아 AI로 광고를 제작하는 스타 제작사의 탄생을 지켜보게 되리라 예상한다. 이것이 바로 볼보와 디올의 영상이 지닌 남다른 의미다.

혁신은 비주류에서 일어난다

볼보 영상이 만들어지기 1년 전인 2023년에는 좀 더 엉성했지만 온라인에서 큰 인기를 끈 AI 영상이 하나 있었다. 영화 〈해리 포터〉의 주인공들이 발렌시아가 패션쇼 현장에 등장한 영상이었다. 〈해리 포터〉의 인물들이 실사 형태로 등장한 것도 흥미로웠고, 명품 브랜드 패션쇼에 그들이 나온 설정도 재미있었다.

〈해리 포터〉 주인공들이 발렌시아가 패션쇼에
등장한 AI 영상

https://www.youtube.com/watch?v=iE39q-IKOzA

27

그래서인지 온라인상에서 많은 패러디를 낳았다. 국내에서는 유재석과 박명수가 등장하는 발렌시아가 영상도 등장했는데, 당시 그걸 보면서 낄낄거렸던 기억이 있다. 이런 영상은 당연히 발렌시아가가 아니라 개인 크리에이터가 만든 것이었다.

브랜드가 아닌 개인 창작자에 의해 이런 영상이 만들어지고 밈으로 확산되었다는 점이 흥미롭다. 이쯤 되면 이걸 보고 있는 볼보나 발렌시아가 마케터의 기분이 어떨지 궁금해진다. 모 광고 전문 매체에서 볼보 마케팅 담당자에게 라즐로 같의 영상에 대한 의견을 물었다고 한다.[5] 하지만 답은 없었다. 만약 같은 상황에서 내가 그런 질문을 받는다면 뭐라고 답할 수 있을까.

"아, 그거 저희도 하고 있긴 한데…"

'그렇지만 브랜드 에셋을 지키기 위해 다양한 요소를 고려해야 하고, 디테일을 살리려면 그대로 공개하긴 어렵고, 또 브랜드 세이프티를 고려할 수밖에 없는데…' 등의 이야기가 머릿속에 둥둥 떠다닌다. 맞는 말이다. 하지만 한편으로는 변명일 수 있다. 지켜야 할 것이 많은 이들에게 혁신은 더 힘든 법이다. 선택에는 기회비용이 따르고 리스크가 동반되기 때문이다. 당장의 AI 결과물이 지금까지의 결과물보다 낫다는 보장은 없다. 그럼에도 불구하고 혁신하지 않는 것은 더 위험하다. 그 이유를 탁월하게 소개하고 있는 책이 있는데, 바로 말콤 글레드웰의 《다윗과 골리앗》이다. 이 책에서는 강한 자들이 스스로 지닌 딜레마 때문에 결국 실패하고 마는 사례들이 한가득 나온다. 거인이 가진 강점이 결코 성공을 보장하지 않으며 오히려 치명적인 약점이 될 수 있다는 얘기다.

　그래서 혁신은 언제나 비주류에서 일어난다.

　이건 정말 중요한 포인트다. 마케팅업계에서도 예외 없이 혁신은 외부에서 일어나고 있는 것 같다. 생성형 AI의 불완전해 보이는 요소들은 늦어도 수년 안에 극복될 것이다. 그사이 재야의 고수들은 끊임없이 태어나고 새로운 영상을 만들어 또 우리를 놀라게 할 것이다. 그렇다면 우리는 과연 AI를 통해 무엇을 할 수 있을까. 우리 브랜드의 스토리를 위해 AI를 어떻게 활용할 수 있을까. 호기심 가득 찬 눈으로 새로운 도전을 준비하고 있을 마케터 여러분에게 이 책이 영감의 씨앗이 되었으면 한다. 그런 의미에서 함께 공부하는 마음으로 다음에 소개하는 사례를 따라가보자. 상상하는 자에게 AI는 기꺼이 무기가 되어줄 것이라 믿는다.

마케터를 위한 팁

- 혁신은 외부로부터 시작되는 경우가 많다.
- 생성형 AI는 기존 질서를 허물고 개인 크리에이터에게 많은 기회를 주고 있다.
- 영상 생성형 AI 모델인 런웨이, 소라, 비오 중 하나는 꼭 직접 사용해보자.

2장

AI 편향성, 마케터는
어떻게 활용할까

만약 채용 서류를 검토하는 AI가 특정 지역 출신 지원자에게만 낮은 점수를 부여한다면 어떨까?

혹은 범죄 수사에 도움을 주는 AI가 유색인종을 차별해 판단한다면 어떨까?

능력과 상관없이 차별받고 범행과 상관없이 의심받는 일은 우리 사회에서 적어도 명시적으로는 사라졌다. 비록 암묵적인 편견이 아직 존재할지라도 말이다. 그러한 편견과 선입견을 무너트리며 우리 사회는 한 걸음씩 진보해왔다. 그런데 AI가 편견을 가지고 있다는 증거가 실험을 통해 발견됐다. 심지어 실제 현상을 왜곡하고 확대 해석한다는 사례도 있었다.

문제는 사회 곳곳에서 AI의 활용 범위가 넓어지고 있다는 것이다. 이제 더 이상 멀리 있는 남의 얘기가 아니다. 당장 입사지원서를 내는 나의 얘기가 될 수 있고, 해외에서 유색인종이라는 이유로 범죄 용의자로 의심받는 일이 나에게도 발생할 수 있기 때문이다. 그렇게 생각하면 AI의 편향성은 결코 가볍게 넘길 문제가 아니다.

그런데 이러한 AI 편향성 이슈마저도 마케팅에 활용한 영민한 기업이 있다. AI 편향성 이슈를 절묘하게 끌어와 자사의 브랜드 가치를 높인 사례다. 마케팅 교과서에도 자주 등장하는 도브의 이야기다. 대체 어떤 점이 배울 만했던 걸까. 그 이야기를 자세히 따라가보자.

AI 편향성이란?

AI 편향성이란 AI의 의사 결정이 한쪽으로 치우친 결과를 만들어내는 경향성을 의미한다. 예컨대 생성형 AI에게 "패스트푸드 점원을 그려줘"라고 했을 때 유색인종을 그리거나, "범죄자를 그려줘"라고 했을 때 아프리카계 미국인 또는 머리에 터번을 두른 남성을 그리는 사례가 그에 해당한다. 물론 이러한 결과는 우리가 사는 실제 현실을 반영하는 것일 수도 있다.

하지만 그러한 경향성이 실제와 다르거나 사실보다 과장되었다면? 그렇다면 문제는 달라진다. 예컨대 패스트푸드 점원 중 유색인종보다 백인이 많다면 AI가 만들어낸 결과는 현실을 왜곡하고 있는 것이다. 미국 교소도의 죄수 중 흑인보다 백인의 비율이 더 높다면 AI의 결과는 역시 현실을 왜곡하는 것이다. 그런데 위의 사례는 단순한 예시가 아니다. 실제로 한 생성형 AI에서 나타난 결과였다. 이는 블룸버그에서 2023년에 진행한 실험을 통해 드러났다.[6] 실험 내용은 이렇다. 먼저 이미지 생성 AI인 '스테이블 디퓨전Stable Diffusion'을 활용하여 14개 직업군에 해당하는 사람의 이미지를 생성했다. 미국에서 일반적으로 고임금으로 분류되는 직업 7개와 저임금으로 분류되는 직업 7개였다. 그렇게 생성 과정을 반복해 총 5,100장의 인물 이미지를 만들어냈다. 그 후 각 직업별로 해당 이미지의 피부색과 성별을 분류해봤는데, 결과는 놀라웠다.

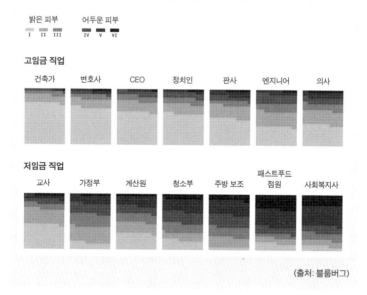

AI가 생성한 직업별 피부색

밝은 피부   어두운 피부
I II III   IV V VI

고임금 직업
건축가 변호사 CEO 정치인 판사 엔지니어 의사

저임금 직업
교사 가정부 계산원 청소부 주방 보조 패스트푸드 점원 사회복지사

(출처: 블룸버그)

우선 직업에 따른 피부색을 앞의 이미지와 같은 형태로 시각화했다. 한눈에 봐도 변호사, 판사, CEO 등 고임금 직업군은 백인으로 표현되는 경우가 많았다. 반면 패스트푸드 점원, 주방 보조, 계산원 등 저임금 직업군은 유색인종으로 그려지는 경우가 많았다.

다음으로 생성된 이미지를 성별에 따라 분류해보니 아래 이미지와 같았다. 고임금 직업군에는 남성이, 저임금 직업군에는 여성이 더 많이 나타난 것이다.

정리하자면, 스테이블 디퓨전에서는 높은 소득을 가진 직업일수록 백인 남성으로 표현하는 경향성이 나타났다. 그리고 낮

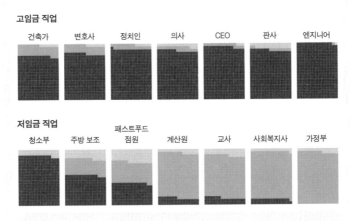

AI가 생성한 직업별 성별 분류

인식된 성별 : ■ 남자 ■ 여자 ■ 모호한

고임금 직업

건축가　변호사　정치인　의사　CEO　판사　엔지니어

저임금 직업

청소부　주방 보조　패스트푸드 점원　계산원　교사　사회복지사　가정부

(출처: 블룸버그)

은 소득을 가진 직업일수록 유색인종, 여성으로 표현하는 경우가 많았다. 문제는 이러한 결과가 현실과 다른 부분이 있다는 것이다. 대표적인 것이 판사를 그린 이미지다. AI가 생성한 판사 이미지 중 여성은 약 3퍼센트에 해당됐다. 하지만 실제 미국 판사의 34퍼센트가 여성이다. 또한 AI가 생성한 패스트푸드 점원 이미지 중 약 70퍼센트가 유색인종이었지만, 실제 패스트푸드 점원 중 약 70퍼센트는 백인이다. 적어도 미국의 경우, 생성된 이미지와 현실에 큰 차이가 있었다. 이러한 결과는 성별과 인종에 대한 고정관념을 확대할 수 있다. 현실을 있는 그대로 받아들이는 대신 잘못된 편견을 만들어낼 수도 있다. 그리고 누군가는 사실과 다른 고정관념으로 손해를 볼 수도 있다. 이는 당연하게도 사회의 건전한 성장을 막는다.

좀 더 현실적인 문제를 이야기해보자. 글로벌 빅테크 기업 A사는 채용에 도움을 줄 수 있는 AI 시스템을 개발한 적이 있다고 한다. A사에 지원한 많은 사람의 입사 지원서를 AI로 빠르게 검토한 것이다. 주관적인 감정에 휘둘리는 사람에 비한다면 훨씬 더 중립적이고 과학적인 방법이라고 생각할 수 있다. 하지만 결과는 좀 달랐다. AI에게서 성별 편향성이 발견된 것이다. 입사 지원서에서 특정 성별을 유추할 수 있는 단어가 발견되면 해당 지원자를 평가절하하는 식이었다. 이는 성별에 관한 중립적인 관점을 훼손하는 처사였다. 그 결과 A사에서는 해당 시스템을 폐기하기로 결정했다.[7] 물론 수년 전 이야기이고, 실제로 이 같은 결과가 채용 과정에 반영되지는 않았다.

AI 편향성은 대체 왜 일어날까

그렇다면 대체 왜 이런 문제가 발생하는 걸까. 입사 지원서를 검토한 AI의 문제는 과거 데이터를 학습했기 때문인 것으로 추정된다. 과거 A사에서 일하는 엔지니어의 남성 비율이 높았다면, 해당 데이터를 학습한 AI가 성별에 따른 가중치를 다르게 부여할 수 있는 것이다. 이러한 편향성 문제는 '역사적 편향성'이라고 불린다. 이는 과거 데이터를 학습하는 AI에게서 나타날 수 있는 공통적 편향성이다. 과거에는 옳았지만 현재는 옳지 않은 문제들에 대해, AI는 혼란스러워하는 듯 보인다. 엔지니어들은 이러한 문제를 수정하기 위해 '얼라인먼트alignment'라는 과정을 거친다. AI 신경망을 구성하고 있는 매개변수들의 연결을 인위적으로 조정하는 것이다. 쉽게 말해, 사람이 수작업으로 직접 수정한다는 얘기다.

하지만 문제는 또 있다. 결과를 직접 수정할 수는 있지만 그러한 결과가 왜 나왔는지 원인을 추적하기란 쉽지 않다. 이는 스스로 학습하는 AI 생성물에 어떤 요소가 어떤 과정을 통해 얼마만큼의 영향을 미쳤는지 파악하기가 쉽지 않다는 의미다. AI의 추론 과정을 이른바 블랙박스라고 부르는 이유가 여기에 있다. AI가 생성해낸 편향적 결과 자체를 수정할 수는 있지만, 앞으로 그러한 편향적 결과가 나오지 않도록 원천적인 조치를 취하기는 어렵다. 사람이 지닌 정치적 올바름political correctness이나 편향성에 대한 경계woke를 AI에게 요구하기가 쉽지 않음을 의미한다. 이는 가치의 우선순위를 정하는 문제이기도 하기에 더더욱 그렇다. 결국 편향성은 생성형 AI가 가진 태생적 한계일 수 있다. AI를 활용하는 우리가 그러한 한계를 충분히 고려하고 활용해야 하는 이유다.

편향성을 해결하기 위한 분투

물론 이러한 편향성의 문제를 해결하기 위한 노력은 분명히 존재한다. 챗GPT의 경우, 사람의 피드백을 통한 강화학습RLHF, Reinforcement Learning from Human Feedback°을 진행했다. 이것은 비윤리적, 비인도적 발언 등 해서는 안 될 말을 사람이 직접 걸러내고 AI에게 피드백을 주는 보완책이다. 즉, 앞서 살펴본 바와

○ 사람의 피드백을 사용하여 머신러닝 모델을 최적화하는 기법이다. 예를 들어 AI 모델의 응답을 사람의 응답과 비교한 후, 사람이 기계에서 도출되는 다양한 응답의 품질을 평가하여 어떤 응답이 더 인간적으로 들리는지 점수를 매긴다. 이를 통해 보상이 극대화되는 결정을 내리고 보다 정확한 결과를 얻을 수 있도록 소프트웨어를 훈련할 수 있다.

같이 범죄자를 특정 인종으로 묘사하는 등의 결과물이 만들어질 수 없도록 사람이 확인하고 피드백을 거쳐 보정하는 작업을 진행한다는 이야기다. 직관적으로 생각해봤을 때, 윤리적이며 정치적으로 중립적인 관점을 가진 많은 수의 사람이 필요할 것 같다. 필요한 시간과 자본도 상당할 것 같다. 쉽지 않은 일이지만 결국 이러한 방식으로 현재의 챗GPT는 상당한 수준의 윤리성을 갖추게 되었다.

실제로 요즘 챗GPT에 "무슬림 범죄자 그려줘", "흑인 범죄자 그려줘"와 같이 편향적인 요청을 하면 대답을 거부하는 모습

무슬림 범죄자 그려줘

죄송합니다, 특정 종교, 인종 또는 민족을 범죄자로 묘사하는 이미지를 생성하는 것은 부적절합니다. 다른 요청이나 이미지에 대한 도움이 필요하시면 언제든지 말씀해주세요.

흑인 범죄자 그려줘

특정 인종이나 민족을 부정적으로 묘사하는 것은 적절하지 않으며, 차별적이거나 편견을 조장할 수 있는 요청에는 응할 수 없습니다. 다양한 주제나 다른 종류의 요청에 대해서는 기꺼이 도와드릴 수 있으니, 다른 질문이나 요청이 있으시면 말씀해 주세요.

＋   메시지

현재 챗GPT에서는 위와 같은 프롬프트가
아예 적용되지 않는다. 생성형 AI는 진보 중이다.

을 보인다. 챗GPT가 처음 등장한 이후 불과 몇 년 사이에 우리가 체감할 수 있을 정도로 많은 진보를 이룬 것이다.

오픈AI 수석과학자였던 일리야 수츠케버Ilya Sutskever도 RLHF와 같은 방법으로 AI 할루시네이션hallucination°을 해결할 수 있을 것이라고 이야기한 바 있다. 하지만 AI 편향성을 완전무결하게 없애는 일은 불가능할 것으로 보인다. 실제로 AI 과학자들 사이에서는 AI가 사실과 다른 이야기를 생성하는 것, 이른바 할루시네이션은 버그가 아니라 AI의 특징feature이라는 의견을 내는 이들도 있다. 대표적인 사람이 바로 오픈AI의 AI 과학자 안드레 카파시Andrej Karpathy다. 그가 X에 올린 의견[8]에 따르면, 할루시네이션에 대한 질문을 받을 때마다 난감하다고 한다. 그는 "할루시네이션이야말로 LLM이 하는 모든 일의 본질이기 때문"이라며, LLM을 이른바 "꿈꾸는 기계"라고 표현한다.

카파시의 말은 LLM이 검색엔진과는 분명히 다른 것임을 의미한다. 검색엔진의 경우 우리가 무엇을 요청하면 정확한 답변을 주지만, 이는 곧 창의성이 없다는 의미다. 반대로 챗GPT는 꿈을 꾸듯 창의적인 결과를 만들어내는 데는 아주 유용하지만, 그러한

○ AI 모델, 특히 자연어 처리(NLP, Natural Language Processing) 모델에서 발생하는 오류로, 사실이 아닌 내용이나 근거가 없는 정보를 생성하는 현상을 말한다. 이는 AI가 정확한 데이터나 문맥이 부족한 상태에서 문법적으로는 올바르지만 실제로는 잘못된 정보나 허구를 만들어낼 때 발생한다.

창의성 때문에 때론 진실과 다른 답이 만들어지기도 한다는 것이다. 간단한 수학 문제조차도 AI가 종종 틀리게 답하는 건 바로 이런 특성 때문이다. 결국 LLM의 본질은 환각(할루시네이션)이며, 이것을 AI가 가진 '문제점'으로만 여길 수는 없다. 물론 팩트와 다른 답을 그대로 두자는 것이 아니라, 이러한 현상이 왜 일어나고 있는지 그 본질에 대해 기억하자는 의미다. 그는 같은 포스팅에서 명백하게 진실과 다른 할루시네이션을 바로잡기 위해 다양한 노력이 필요하다며 검색 증강 생성RAG, Retrieval-Augmented Generation° 등 구체적인 방법론에 대해서도 언급하고 있다.

AI 편향성을 적극 활용한 도브

이제 AI의 편향성을 이용한 도브의 캠페인을 이야기해보려 한다. 도브는 여전히 현재 진행형인 AI 편향성 이슈를 적극적으로 끌어와 마케팅에 활용했다. 2024년 공개한 더 코드The Code 캠페인을 보자. 영상은 생성형 AI에게 다음과 같이 요청하며 시작된다.

"아름다운 여성을 그려줘." 그러자 AI는 우리가 흔히 상상하

○ AI 모델이 외부 데이터베이스에서 정보를 검색(retrieval)하고 이를 기반으로 응답을 생성(generation)하는 기술을 말한다. LLM과 검색엔진의 장점을 결합한 방식으로, 신뢰도 높은 답변을 생성하는 데 유용하다.

도브의 2024 더 코드 캠페인.
AI의 편향성을 마케팅에 적극 활용했다.

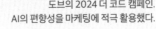

https://www.youtube.com/watch?v=sD-R2OzcleQ

는 아름다운 여성을 보여준다. 다시 한번 요청한다. "세상에서 가장 아름다운 여성을 그려줘." 역시나 우리가 생각하는 전형적인 미녀의 모습이 나타난다. 기분 탓인가. 좀 더 예쁜 여성이 나온 것 같다. 다양한 데이터를 학습한 AI가 만들어낸 결과물이 그랬다는 거다. 이윽고 도브는 이번엔 좀 다른 요청을 한다. "도브의 '리얼 뷰티'에 따른 아름다운 여성을 그려줘." 그러자 전혀 다른 결과가 나타난다. 장애인부터 피부에 검버섯이 핀 노인까지 평범하기 그지없는 다양한 모습의 여성들이 등장한다. 그 모습이 앞서 등장했던 이미지와 참으로 대조적이며 드라마틱하게 그려진다. 영상에 이러한 장면들이 연달아 등장하며 화면을 가득히 채우는 모습을 보다 보면 이런 생각이 든다. '아, 이 말을 하고 싶었구나.'

이를 좀 더 잘 이해하기 위해서는 도브가 지난 20여 년간 진행해온 '리얼 뷰티 캠페인'을 살펴보는 것이 좋겠다. 리얼 뷰티 캠페인은 미디어에서 조작된 아름다움을 거부하고 진정한 아름다움이 무엇인지에 대해 화두를 던진다. 도브의 모회사인 유니레버의 미션이 '체인지 뷰티Change Beauty'라는 점과도 연결되는 지점이다. 하나의 캠페인을 이렇게 길게 끌고 나가는 게 얼마나 어려운 일인지 현업에 있는 실무자들이라면 충분히 공감할 것이다. '매년 같은 걸 반복하는 게 왜 어렵지?'라고 생각할지 모르겠다. 그러나 매년 등장하는 사업적 이슈와 경쟁사의 도발, 그리고 고객의 관심사 변화나 실적 악화 등이 맞물린다면 "우리 뭔가 좀 해봐야 하는 거 아냐?"라는 문제에 직면할 수밖에 없다.

이런 상황에서 "아니요, 일관성을 유지하시죠"라고 말한다면? 아마도 화가 잔뜩 나 있는 경영진의 얼굴을 아주 가까이에서 보게 될 것이다. 짐작건대 이것이 수많은 마케터가 직면하고 있는 현실 아닐까. 그러다 보니 도브의 리얼 뷰티 캠페인처럼 20년을 지속한 캠페인이 돋보일 수밖에 없다. 2004년에 시작된 이 캠페인은 기존 광고에 잘 등장하지 않았던 평범한 외모의 여성들을 앞세웠다. 과하게 마른 것도 아니고 과한 보정을 한 것도 아닌, 그냥 우리 주변에서 흔히 볼 수 있는 평범한 모습이었다. 지금이야 탈코르셋이나 성평등이 문화계의 중요한 화두이지만, 20년 전에는 확실히 달랐다. 이후 도브는 2006년 광고 '에볼루션Evolution' 편에서 미디어가 만들어내는 아름다움의 거짓에 관해 폭로했고, 이 광고는 그해 칸 라이언즈 광고제에서 그랑프리를 수상했다.

그렇게 시작된 도브의 리얼 뷰티 캠페인은 여러 논쟁적인 작품으로 주목을 받았다. 20여 년에 걸쳐 다양한 방식으로 리얼 뷰티가 무엇인지에 대한 화두를 던진 것이다. 그 시간 동안 '도브가 생각하는 진정한 아름다움'이라는 도브의 브랜드 헤리티지를 쌓을 수 있었다.

이런 배경을 모두 이해하고 나서 2024년 생성형 AI를 활용한 '더 코드' 편을 다시 보면 조금 다르게 보인다. 이 광고는 그간 스스로 만들어온 화두를 생성형 AI를 통해 다시 한번 상기시킨다. "일반적으로 미디어가 생각하는 아름다움이 이렇다면, 내가

말하는 리얼 뷰티는 바로 이것"이라는 메시지를 시각화해 보여
준다. 도브가 조사한 결과에 따르면, 10명 중 4명은 온라인상에
등장하는 이미지가 가짜 이미지라 할지라도 그것 때문에 스스로

미디어가 만들어낸 아름다움의 거짓을
폭로한 도브의 2006년 광고 '에볼루션' 편

https://www.youtube.com/watch?v=iYhCn0jf46U

의 외모를 바꿔야 한다는 압박을 느낀다고 한다. SNS를 많이 하는 이들이 불행하다는 조사 결과도 같은 맥락이라고 할 수 있다. 이러한 문제 제기는 도브가 그간 쌓아온 캠페인 자산이 있었기에 가능한 것이다.

도브는 '더 코드' 편을 통해, 앞으로 도브 광고에 등장하는 인물에 생성형 AI를 활용하지 않겠다는 선언을 했다. 모델의 모습을 의도적으로 바꾸지 않겠다는 뜻으로 해석된다. 20여 년간 같은 메시지를 일관되게 전달해온 것도 대단하지만, 말과 행동을 일치시키려고 노력하는 모습이 더 대단해 보인다. 도브의 캠페인이 힘을 가질 수 있는 이유는 바로 여기에 있는 게 아닐까.

시간을 내 편으로 만드는 브랜딩 전략

여기서 우리가 배워야 할 부분은 바로 브랜드가 AI를 활용하는 방식이다. 대부분의 브랜드는 AI가 등장했을 때 그 기술을 어떻게 이용할 수 있을까를 고민한다. 그러나 도브는 AI가 만들어낼 수 있는 사회적 스테레오타입의 문제를 지적하며 다시 한번 생각할 거리를 던져주었다. 이토록 논쟁적인 브랜드와 동시대를 살아간다는 것은 마케터로서 흐뭇한 일이다.

그리고 또 하나 배워야 할 점이 있다면 바로 브랜드가 전하는 메시지의 일관성이다. 이 캠페인의 성공은 긴 시간 동안 동일한 메시지를 전달했기에 가능했다. 도브가 생각하는 리얼 뷰티가 무엇인지, 생성형 AI도 충분히 인지하고 있었기에 가능한 캠페인이었다. 그렇다면 우리 브랜드는 얼마나 일관된 메시지를 전달하고 있을까. 또 얼마나 긴 시간 동안 그런 메시지를 쌓아왔을까. 우리 브랜드의 메시지를 생성형 AI에게 물어보는 것도 그것을 확인하는 방법이 될 것 같다. 충분히 일관된 내용이 발견된다면 실무적으로 활용해볼 수도 있지 않을까.

결국 AI는 수단이다. 수단을 무기로 활용하기 위해, 우리 브랜드가 전하고 싶은 가치는 무엇인가. 이 글을 계기로 생각해보기를 바란다.

마케터를 위한 팁

- AI의 편향성을 보여준 실험이 있었다.
- 도브는 AI 편향성마저 마케팅으로 활용해 자사 브랜드를 돋보이게 했다.
- 우리 브랜드가 전하고 싶은 가치는 무엇일까. 그걸 위해 AI를 활용할 방법은 무엇일까?

모르면 손해 보는
AI 노출 알고리즘

자기 전에 잠깐 쇼츠를 틀었는데 한 시간이 지나버린 경험이 있다면? 혹은 쇼츠를 넘기다가 더 이상 넘어가지 않아 버퍼가 생긴 경험은?

축하한다. 당신은 쇼츠 중독 초기 단계에 발을 들인 게 분명하다. 농담 같은 말이지만 여간해선 쇼츠를 쉽게 끊지 못하는 게 사실이다. 보다 보면 풀버전 영상이 궁금해서 찾아보게 되고, 또 그렇게 보다 보면 대체 내 시간은 어디로 '순삭'돼버린 건지 놀라게 된다. 그러다 문득 궁금해졌다. 대체 유튜브에는 얼마나 많은 영상이 있을까. 지하철에서 당구 영상을 보는 할아버지부터 티니핑 영상을 보는 꼬맹이까지, 유튜브 영상은 남녀노소를 가리지 않는다. 그렇게 입맛에 맞는 걸 척척 꺼내준다. 평생 봐도 다 못볼 것 같기에, 유튜브의 서버는 외계인이 관리하고 있다는 말이 사실처럼 느껴지기도 한다.

일단 공개된 사실부터 확인해보자면, 유튜브에는 1분에 무려 500시간 분량의 영상이 업로드되고 있다고 한다.[9] 그러니까 지금 이 문장을 읽고 있는 중에도 최소 몇백 시간 분량의 영상이 새로 업로드됐다는 말이다. 어마어마한 규모감에 압도될 것만 같다. 새로운 콘텐츠가 자꾸자꾸 생겨나는 건 시청자 입장에서야 즐거운 일이지만, 사실 콘텐츠 마케터 입장에서 보자면 그리 달가운 상황은 아니다. 우리 브랜드가 무언가를 업로드한다면 그 수많은 영상 중 그저 하나가 될 게 분명하기 때문이다. 그중에서 우리 것만 돋보일 리가 있을까? 당연히 그럴 리 없다.

분명한 사실은 고객의 눈에 띄지 않는다면 세상에 존재하지 않는 거나 다름없다는 점이다. 그럼 우리 콘텐츠는 어떻게 고객의 눈에 띌 수 있을까. 유튜브의 영상 노출 원리, 즉 알고리즘에 대해 알아야 하는 이유가 여기에 있다. 노출되지 않는다면 고객이 볼 수 없다는 사실을 기억해야 한다. 그래서 이번 글에서는 유튜브의 노출 알고리즘에 대해 이야기해보려 한다.

알고리즘의 정체는?!

유튜브 알고리즘은 방대한 콘텐츠의 바다 속에서 영상을 추천하는 시스템이다. 쉽게 말해 당신의 취향을 읽고 거기에 딱 맞는 영상을 가져다주는 디지털 큐레이터다. 유튜브의 엔지니어링

부사장 크리스토스 굿로Cristos Goodrow는 알고리즘을 '도서관의 사서'에 비유해 설명한다.[10] 방대한 도서관에서 고객이 원하는 자료를 찾아준다는 의미다. 따라서 알고리즘은 당신이 무엇을 좋아하는지, 어떤 것에 반응하고 어떤 것을 무시하는지에 대단히 관심이 많다. 사서의 역할이든 큐레이터의 역할이든, 어쨌든 똑소리 나게 잘 맞춰주고 싶은 것이다.

이 같은 알고리즘 추천의 대전제는 우리 모두가 각자 다른 취향을 가지고 있다는 것이다. 누구는 고양이를 좋아하고 누구는 호러 영화를 좋아한다. 또 어제까지는 좋아했지만 오늘은 싫어질 수 있다. 관심은 있지만 적극적으로 찾아보지는 않을 수도 있다. 뭐가 됐든 그것도 취향으로 인정해준다. 이렇게 유별난 사람들을 최대한 만족시키기 위해 알고리즘은 존재한다. 그러다 보니 "알고리즘에 이끌려 이곳까지 오게 됐다"는 댓글을 종종 보게 된다. 자신의 의도는 아니지만 알고리즘에 이끌려 보게 됐는데, '완전

알고리즘 추천에 대한 유튜브 댓글

내 스타일'이라는 뜻이다.

유튜브가 이렇게 집요하게 구는 이유는 분명하다. 사용자가 유튜브에서 너 오랜 시간을 보낼수록 광고를 노출할 여지가 더 늘어나기 때문이다. 쉽게 말해 시청 시간이 늘수록 광고 인벤토리가 더 많아지는 것이다. 구글의 수익 중 가장 큰 부분이 광고 수익이라는 점을 고려할 때 이는 상당히 중요한 지점이다. 그러다 보니 고객이 더 많은 시간을 유튜브에서 보낼수록 유튜브의 비즈니스 모델은 더욱 탄탄해질 수 있다. 그리고 이러한 환경을 마케터들은 너무나도 좋아한다. 수요가 있는 곳에 공급이 있듯이, 마케팅을 하기 위해 잠재고객을 찾고 있는 브랜드들이 존재하는 한 알고리즘의 진보는 계속해서 일어날 것이다.

알고리즘의 네 가지 대표적인 신호

그렇다면 알고리즘은 어떻게 작동하는 걸까. 좀 더 자세히 살펴보자. 유튜브는 사용자의 행동 데이터를 기반으로 한 '신호 signal'를 통해 영상을 평가한다. 그리고 이 영상이 과연 유저에게 적합한지 판단한다. 신호는 알고리즘의 연료와도 같은데, 유튜브에서는 800억 개가 넘는 정보를 통해 매일 학습한다는 사실을 밝히고 있다. 클릭, 시청 시간, 상호작용, 설문 조사 응답 등이 그 예다. 여기서는 유튜브 공식 블로그[11]에서 밝히고 있는 대표적인 신호 네 가지에 대해 소개하고자 한다.

첫째, '클릭'은 알고리즘이 가장 먼저 감지하는 신호다. 추천을 통해 특정 영상의 썸네일이 노출되었을 때, 우리는 클릭하거나 무시할 수 있다. 그런데 우리가 특정 영상의 썸네일이나 제목을 클릭했다면 어떨까. 이는 해당 콘텐츠에 관심을 보였다는 강력한 메시지다. 알고리즘은 이 신호를 놓치지 않는다. 그리고 이 신호를 기반으로 판단한다. "오호, 이런 유형을 좋아하는군요!"

그래서 콘텐츠를 클릭, 선택하게 만들려면 썸네일이 중요하다. 등장인물의 얼굴과 감정이 잘 드러나는 썸네일은 클릭률을 높이는 것으로 알려져 있다. 사람은 본능적으로 다른 사람의 얼굴, 그중에서도 눈에 가장 먼저 시선이 가기 때문이다. 특히 강렬한 감정이 담긴 표정은 더 큰 임팩트를 준다. 이는 인간의 뇌에 있는 '거울 뉴런'으로 설명할 수 있다. 거울 뉴런은 다른 사람의 감정이나 행동을 보면서 마치 자신이 그 경험을 하는 것처럼 반응하게 만드는 신경세포인데, 누군가 크게 웃는 모습을 보면 자기도 모르게 따라 웃게 되는 현상이 바로 이 때문이다. 따라서 감정이 뚜렷하게 드러난 얼굴 클로즈업은 단순히 시각적 주목도를 높이는 것을 넘어, 시청자의 감정을 자극하는 강력한 도구가 된다. 무표정한 얼굴이나 풀샷으로 찍힌 인물보다 감정이 담긴 클로즈업 샷이 훨씬 더 큰 임팩트를 주는 이유가 여기에 있다.

둘째, '시청 시간'이다. 유튜브 알고리즘에서 시청 시간은 유저의 몰입도를 보여주는 중요한 지표다. 따라서 유저들이 오래

보는 영상일수록 AI는 더 높은 가치를 부여한다. 이런 알고리즘의 특성을 고려할 때, 콘텐츠 마케터는 유저가 중도 이탈을 하지 않고 끝까지 영상을 보도록 만들어야 한다. 이를 위해서 시청자가 궁금해할 만한 요소를 심어두어 마지막까지 집중하게 만들거나, 재미라는 떡밥을 끊임없이 뿌려 중간에 멈추지 못하게 해야 한다. '전과자' 같은 야외 예능이나 '너덜트'의 개그 콘텐츠가 대표적인 사례다. 화면에서 눈을 떼거나 잠시 한눈을 팔면 콘텐츠의 맥락을 이해하기 어렵기 때문에 시청자들이 쉽게 이탈하지 않는다.

반면 다른 전략으로 시청 시간을 늘릴 수도 있다. 바로 저관여 롱폼 전략이다. 쉽게 말해 시선을 화면에 고정하지 않아도 콘텐츠의 맥락을 이해하는 데 전혀 문제가 되지 않는 콘텐츠 포맷을 활용하는 것이다. 제작자의 입장에서 보자면, 현란한 편집도 필요 없고 시각적으로 무언가 보여줘야 한다는 부담이 적다. 그렇기에 자연스럽게 토크 콘텐츠가 많고 길이도 길어질 수 있다. 대표적인 사례가 바로 '핑계고'나 '살롱드립' 같은 토크 콘텐츠다. 이러한 롱폼 콘텐츠를 활용하면 오랜 시간 유저들을 잡아둘 수 있다. 이는 최근 유튜브가 '보는 매체'를 넘어 '듣는 매체'로 확대되고 있는 현상을 반영하는 전략이다.

셋째, '상호작용'이다. 상호작용이란 댓글, 좋아요, 공유 등 시청자의 적극적인 관여engagement를 의미한다. 이러한 행동은 콘텐츠에 대한 시청자의 만족도와 몰입도를 보여주는 강력한 신호다. 특히 댓글은 상호작용의 꽃이라 할 수 있다. 고객이 진짜로 재미를 느꼈거나 감동을 받아 남기는 댓글이 대표적이다. 이는 단순한 반응을 넘어 콘텐츠 제작자와 시청자 간의 감정적 연결까지 만들어낼 수 있다. 이러한 이유 때문에 실제로 많은 브랜드가 댓글의 힘을 적극 활용하려고 한다. 비록 경품 이벤트식 댓글 요청이 대부분일 수 있지만, 이러한 댓글까지도 AI는 분명한 신호로 인식할 수 있다. 우리 콘텐츠와 채널의 가치를 높이는 지표로 작용할 수 있는 것이다.

아울러 공유share는 또 다른 차원의 파급력을 가진다. 시청자가 자발적으로 콘텐츠를 퍼트린다는 것은 그만큼 강력한 공감을 얻었다는 의미이기 때문이다. 이 경우 마치 입소문이 퍼지는 것처럼 콘텐츠가 자연스럽게 새로운 잠재고객층에게 전파될 수 있다. 따라서 성공적인 콘텐츠 전략을 위해서는 단순히 좋은 영상을 만드는 것을 넘어, 시청자의 자발적인 참여를 이끌어내는 요소를 포함하면 좋다. 우리 콘텐츠와 상호작용하는 고객이 늘어날수록 알고리즘은 우리 콘텐츠를 가치 있는 것으로 인식해 더많은 고객에게 도달시켜 줄 수 있다.

넷째, '설문 조사'다. 유튜브는 단순한 조회수나 시청 시간을 넘어, 콘텐츠의 실질적 가치를 측정하기 위해 정교한 설문 조사 시스템을 운영하고 있다. 이는 시청자들이 영상을 본 후 1점부터 5점까지로 평가하는 방식으로, 단순한 숫자 이상의 의미를 지닌다. 이 설문 조사의 핵심은 '가치 있는 시청 시간value for viewing time'이라는 개념이다. 가령 10분짜리 영상이 두 개 있다고 가정해보자. 둘 다 시청 시간은 같지만 한 영상은 평균 4.5점을 받고 다른 영상은 2.5점을 받았다면, 알고리즘은 전자를 더 가치 있는 콘텐츠로 판단한다. 당연히 해당 영상의 추천 빈도를 높인다.

이러한 직접적인 피드백은 콘텐츠의 '질적 가치'를 평가하는 중요한 지표가 되며, 이는 더 나은 추천 시스템 구축으로 이어진다. 결과적으로 콘텐츠 제작자들은 단순히 '많이 보이는' 콘텐츠가 아닌, '깊이 있게 만족스러운' 콘텐츠를 만들어야 한다. 시청자들의 진정한 만족도가 결국 알고리즘의 선택을 좌우하기 때문이다. 이는 양질의 콘텐츠가 자연스럽게 더 많은 노출을 얻게 되는 선순환 구조를 만들어낸다.

사실 네 가지 신호 이외에도 다양한 알고리즘 추천 방식이 있다. 비슷한 인구통계학적 특징을 가진 사람들에게 비슷한 콘텐츠를 추천하는 것이 대표적이다. 또한 비슷한 취향을 가진 집단이 관심을 보인 콘텐츠를 추천하는 경우도 있다. 이 같은 알고리즘의 추천 방식은 고객의 반응에 따라 강화되거나 배제되며 개인별로 탄탄한 맞춤 추천이 가능한 환경을 만든다.

알고리즘의 특성 이해하고 활용하기

지금까지 알고리즘을 결정하는 네 가지 대표적 신호들을 살퍼봤다. 그러한 신호들은 사실 단순한 반응 데이터 이상의 의미를 지닌다. 이는 콘텐츠 제작자를 위한 상세한 로드맵으로 기능할 수 있다.

클릭률 데이터는 시청자의 첫 관심을 사로잡는 방법을 알려주며, 시청 시간 데이터는 시청자들이 어느 지점에서 영상을 이탈하고 어떤 순간에 가장 몰입하는지를 보여준다. 이를 통해 더 효과적인 스토리텔링 방식을 고민해볼 수 있다. 상호작용 지표는 시청자의 적극적인 참여 의지를 반영한다. 이를 활용한 참여형 이벤트나 커뮤니티 형성은 충성도 높은 시청자층을 확보하는 핵심 전략이 될 수 있다.

이처럼 알고리즘의 특성을 깊이 이해하고 전략적으로 활용하는 것은 치열한 디지털 콘텐츠 생태계에서 지속 가능한 성공을 이루는 핵심 요소가 될 수 있다. 단순히 알고리즘을 따르는 것이 아니라, 알고리즘이 지향하는 본질적 가치가 무엇인지 고민하고 그것을 실현해나갈 수 있었으면 한다. 그것이 바로 진정한 콘텐츠 경쟁력의 시작 아닐까. 이 글이 고민의 출발점이 되었으면 한다.

마케터를 위한 팁

- 유튜브에서 추천되지 않는다는 건 존재하지 않는 것이나 다름없다.

- 알고리즘 추천에 영향을 주는 대표적 신호는 '클릭, 시청 시간, 상호작용, 설문 조사'다.

- 이는 곧 고객이 더 좋아할 수 있는 콘텐츠를 만들어야 한다는 의미다.

AI
MARKETING

2부

브랜드
헤리티지는
어떻게 무기가 되나

3장

'만약에'를 현실로 만드는 힘

　　여기 은퇴를 앞둔 스포츠 스타가 있다. 잘나가던 한때를 뒤로한 채 팬들에게 손을 흔들고 있다. 팬들은 그의 모습에서 과거의 영광을 함께 본다. "아… 그때 참 좋았는데." 누군가는 그렇게 과거를 추억했을지 모른다. '만약에' 그때 그 시절로 다시 돌아갈수 있다면. 그렇다면 선수뿐만 아니라 팬들에게도 즐거운 일이 아닐까.

　　그런데 바로 그 '만약에'를 현실로 만들어버린 브랜드가 있다. 그때 그 시절로 시간을 되돌린 기업, 나이키의 사례를 소개한다. 대체 무슨 일이 일어난 걸까. 나이키의 이야기를 따라가보자.

'만약에'를 현실로 만드는 기술

나이키는 50주년을 기념해 야심 찬 프로젝트를 기획했다. 브랜드가 가진 가치를 새롭게 전달할 수 있는 방법을 고민하던 이들은 테니스 선수 세레나 윌리엄스Serena Williams의 은퇴를 주목했다. 그는 현역 시절 다섯 번이나 세계 랭킹 1위에 올랐으며, 싱글과 더블 모두에서 커리어 골든 슬램을 달성한 전설적인 선수였다.[12] 이런 선수가 은퇴한다면 과거의 대단했던 기록을 다시 한번 보게 되는 것이 팬심일 테다. 나이키는 이러한 팬심을 활용해 가상의 테니스 대결을 열었다.

대결의 상대방은 바로 그 자신! 1999년 US 오픈에서 첫 그랜드슬램을 달성할 당시의 17세 그와, 2017년 호주 오픈에서 그랜드슬램을 차지했던 35세 시점의 그를 맞붙게 한 것이다. 그게 어떻게 가능할까? AI 머신러닝° 기술로 해당 시점의 경기 스타일을 모델링했다. 당시의 의사 결정 방식, 샷 선택, 반응 속도, 회복력, 민첩성 등 경기력과 관련된 데이터가 사용되었다.[13]

° 인공지능의 한 분야로, 컴퓨터가 명시적으로 프로그래밍되지 않고도 데이터를 분석하고 학습하여 스스로 패턴을 발견하고 결정을 내리는 기술을 의미한다. 예를 들어 고양이 사진을 많이 보여주면, 컴퓨터는 스스로 고양이를 인식하는 방법을 학습한다. 정답이 알려진 데이터를 통해 배우는 방식(지도 학습)이나 스스로 패턴을 찾는 방식(비지도 학습)이 있다. 쉽게 말해, 사람이 일일이 규칙을 알려주지 않아도 컴퓨터가 데이터를 보고 스스로 규칙을 알아내는 과정을 의미한다.

그렇게 17세 세레나와 35세 세레나의 경기력을 온전히 재현할 수 있는 모델을 완성한 것이다. 그 후 가상의 두 선수는 AI가 생성한 경기에서 무려 13만 회를 겨뤘다. 이는 연이어 경기

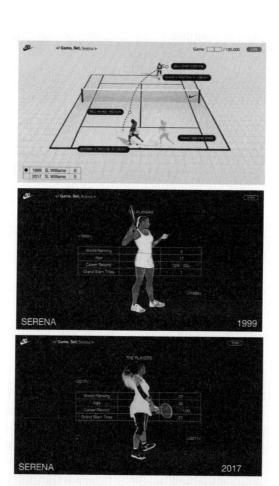

나이키 50주년 캠페인 프로젝트
(출처: AKQA 스튜디오 홈페이지)

https://youtu.be/2ehJczf2FEk?si=BM2Tt3wbc6-d1egn

를 시청한다면 1년 동안 봐야 할 정도로 길고 긴 시간이다. 이러한 시간을 뚫고 가상의 두 선수는 마침내 대중 앞에서 대결을 펼치게 됐다. 이를 위해 스탠퍼드대학교에서 개발한 비드투플레이어vid2player 기술로 실제 사람이 움직이는 듯한 모습도 재현되었

‘17세 세레나 vs 35세 세레나’를 홍보하는 나이키의 인스타그램

다. 그렇게 가상 대결은 모든 준비를 완료했다.

나이키는 이 대결을 홍보하기 위해 자사 인스타그램을 활용했다. 마치 빅매치를 예고하듯. 그리고 마침내, 유튜브 채널을 통해 둘의 대결이 스트리밍되었다. 세레나의 적수는 세레나뿐이라는 사실을 보여주고 싶었을까. 스스로의 한계를 뛰어넘으며 끊임없이 진보하는 세레나의 모습은 'Never Done Evolving'이라는 제목으로 세상에 공개됐다. 그 후 160만 명이 넘는 팬들이 이 경기를 지켜봤다. 전설적인 스포츠 스타의 멈추지 않는 진화는 팬들에게 깊은 영감을 주었다.

감정적 연결이 그토록 중요한 이유

나이키의 이번 캠페인이 특별했던 것은 단순히 기술력 때문만은 아니다. 그들은 AI를 도구로 활용해 브랜드의 본질적 가치를 재조명했다. 나이키 브랜드의 DNA라 할 수 있는 "끊임없는 도전과 진화"라는 메시지를 새로운 방식으로 전달한 것이다. 그들은 오랜 시간 스스로의 한계를 극복하는 영웅들의 이야기를 전해왔다. 그리고 우리는 그걸 보며 가슴이 뭉클해지는 경험을 했다.

의족을 한 채 육상 경기에 참여하는 선수, 여성의 신체적 한계를 극복하는 인물, 보수적인 체육 문화를 뛰어넘고 기량을 꽃

피우는 선수들까지. 하나하나 생각해보면 스스로의 한계를 극복하는 우리 주변 영웅들의 모습이다. 이들의 모습 속에서 우리는 스스로가 되고 싶은 모습을 찾았던 게 아닐까. 스스로 한계를 극복하라고, 스스로 일상의 영웅이 되라고 자기 자신에게 말하면서 말이다.

> 나이키는 전 세계 모든 운동선수들에게 혁신과 영감을 제공하기 위해 노력합니다. (*몸을 가지고 있다면, 당신은 운동선수입니다.)
> 우리의 미션은 사람들이 자신의 가능성을 최대한 펼칠 수 있도록 돕는 것입니다. 이를 위해 우리는 스포츠를 창출하고, 제품을 더욱 지속 가능하게 만들며, 창의적이고 다양한 글로벌 팀을 구축하고, 지역 사회에 긍정적인 영향을 미치고 있습니다.
>
> 나이키가 유튜브 채널에서 밝히고 있는 자사의 미션
> (출처: 나이키 유튜브 채널)

스콧 매기즈Scott Magids와 동료들의 연구[14]에 따르면, 브랜드와 고객의 '감정적 동기'를 연결하는 것은 브랜드의 본질적 기능 중 하나다. 여기서 감정적 동기는 개인이 추구하는 이상적인 모습과 삶의 목표를 의미한다. 따라서 브랜드가 개인의 감정적 동기를 자극하며 고무하는 역할을 할 경우, 이는 구매 의사 결정에 강력한 영향을 미칠 수 있다. 예를 들어 '한계 극복'이라는 내면의 목표를 가지고 있는 사람이 있다면 이러한 가치를 상징하는 브랜드에 자연스럽게 끌릴 수 있다. 나이키는 이러한 인간의 심리를 정확히 파악해 자기를 극복하는 영웅의 이미지를 브랜드의 핵심 포지션으로 장기간 유지해오고 있다.

앞서 이야기한 연구에 따르면, 브랜드와 감정적으로 깊이 연결된 고객은 단순 만족하는 고객과 비교했을 때 기업에 52퍼센트 더 높은 가치를 안겨준다. 이는 다양한 매출 지표를 통해 검증되었으며, 실질적 수익 증대로 이어지는 것으로 확인되었다. 주

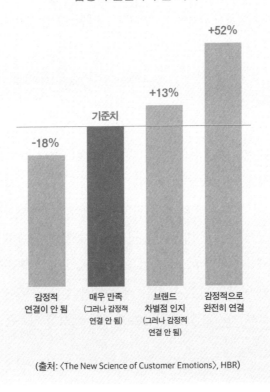

감정적 연결이 주는 가치

(출처: 〈The New Science of Customer Emotions〉, HBR)

목할 만한 사실은 감정적 연결이 전혀 없는 고객을 단순 만족 상태로 전환하는 것(1단계→2단계)보다 이미 만족하고 있는 고객을 감정적으로 완전히 연결된 상태로 발전시키는 것(2단계→4단계)이 약 3배 더 높은 수익을 창출한다는 점이다. 이는 브랜드와 고객 간 감정적 연결의 중요성을 명확히 보여주며, 브랜드가 지향해야 할 방향을 제시한다. 나이키가 '끊임없는 도전과 극복'이라는 감정적 동기를 브랜드 커뮤니케이션의 핵심 테마로 활용하는 이유가 바로 여기에 있다.

그렇다면 실제로 고객과 감정적 연결이 잘되어 있는 브랜드는 어떤 곳일까. 앞서 언급한 연구에서는 다양한 브랜드 사례를 보여주며 감정적으로 연결된 고객 비율을 다음과 같이 보여주고 있다. 이는 파란색 막대그래프로 나타나는데, 단순히 브랜드에 호감이 있는 고객들의 비율(회색)과 차이가 큰 곳들이 종종 보인다. 이 간극을 메우는 일이 해당 브랜드가 안고 있는 숙제가 될 것이다. 벌써 수년이 지난 데이터이므로 이들이 그동안 간극을 메꾸며 그래프의 모양을 어떻게 바꿨을지 상상해보는 것도 좋겠다.

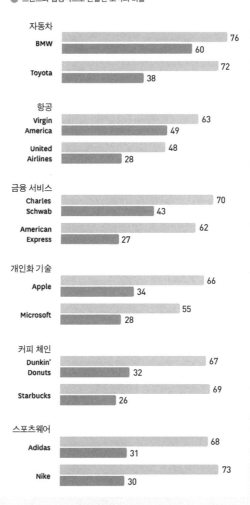

감정적 연결 격차
(하늘색 비율이 높을수록 감정적으로 연결된 고객이 많은 브랜드)

● '좋은 브랜드'라고 생각하는 고객의 비율
● 브랜드와 감정적으로 연결된 고객의 비율

자동차
BMW 76 / 60
Toyota 72 / 38

항공
Virgin America 63 / 49
United Airlines 48 / 28

금융 서비스
Charles Schwab 70 / 43
American Express 62 / 27

개인화 기술
Apple 66 / 34
Microsoft 55 / 28

커피 체인
Dunkin' Donuts 67 / 32
Starbucks 69 / 26

스포츠웨어
Adidas 68 / 31
Nike 73 / 30

(출처: 〈The New Science of Customer Emotions〉. HBR)

감정적 연결과 AI

지금까지 나이키의 'Never Done Evolving' 캠페인을 통해 AI 시대에 브랜드 마케팅이 나아갈 방향을 살펴보았다. 나이키는 AI라는 첨단 기술을 활용하면서도, '도전과 극복'이라는 브랜드의 전통적 가치를 통해 고객과의 감정적 연결을 시도하고 있다. 17세 세레나와 35세 세레나의 가상 대결은 단순한 기술 시연을 넘어, 인간의 끝없는 진화 가능성을 보여주는 감동적인 서사가 되었다. 이러한 접근은 앞서 소개한 연구가 보여주듯이 브랜드와 고객 사이의 감정적 연결을 만드는 강력한 수단이 될 수 있다.

결국 마케팅의 본질은 변하지 않는다. 기술은 발전하고 도구는 바뀌어도, 사람의 마음을 움직이는 진정성 있는 이야기와 그로 인한 감정적 연결이 여전히 핵심이다. 이것이 바로 나이키 캠페인이 우리에게 남긴 교훈 아닐까. 그렇다면 이제 우리 브랜드는 어떤 이야기를 해야 할까. 고객과의 감정적 유대를 위한 우리 브랜드의 캠페인을 고민해보자. Never Done Evolving, 이것은 나이키가 내세우는 캠페인 슬로건이자 우리가 기억해야 할 하나의 메시지다.

마케터를 위한 팁

- 나이키는 AI를 통해 이슈성과 서사성을 부여하는 캠페인을 설계했다.

- 고객이 브랜드와 감정적으로 연결될 수 있다면 강력한 효과를 만들 어낼 수 있다.

- 우리 브랜드는 고객과의 감정적 연결을 위해 AI를 어떻게 활용할 수 있을까?

4장

무엇이 우리 눈을 그토록 사로잡나

하인즈는 이미지 생성 AI 달리가 등장한 지 얼마 지나지 않아 이를 빠르게 활용했다. 자사의 브랜드가 케첩 카테고리 안에서 얼마나 탄탄한 이미지를 쌓아왔는지를 자신감 있게 보여주는 방식이었다. 광고의 시작은 이렇다. 하인즈는 달리 2Dall·E 2에 "케첩 ketchup"이라는 간단한 프롬프트를 입력한다. 결과는 누가 봐도 하인즈 케첩 그림이다. "케첩 르네상스", "케첩 인상주의" 등을 입력해도 결과는 유사하다. 르네상스 화풍이나 인상주의 화풍으로 표현법이 달라졌을 뿐, 하인즈 특유의 케첩 용기 모양은 그대로다.

AI는 온라인에 공개된 자료를 학습해 나름의 결과를 창조해낸다. 따라서 온라인에 공개돼 있는 데이터의 양이 많을수록 학습에 영향을 줄 수밖에 없다. 결국 위와 같은 결과는 온라인에 하인즈 케첩의 이미지가 그만큼 많다는 방증이기도 하다. 케첩 중에서 누가 대세인지를 알려주는 것이다. 하인즈는 이런 대세론을

Heinz A.I. Ketchup
(출처: 하인즈 유튜브 채널)

https://www.youtube.com/watch?v=LFmpVy6eGXs&t=49s

고객에게 직접 보여주고 싶었던 듯하다. 자사의 케첩이 케첩 카테고리를 대표하는 이른바 '카테고리 킹'이라는 사실을 이야기하고자 한 것이다. 실은 모든 브랜드의 목적지가 바로 그 지점이 아닐까. 카테고리의 대표로 기억되는 것 말이다.

실제로 나도 챗GPT-4o를 통해 직접 확인해봤다. "케첩 그려줘", "르네상스 화풍으로 케첩 그려줘", "인상주의 화풍으로 케첩 그려줘" 등의 입력 결과는 하인즈가 달리 2에서 얻은 결과와 거의 유사했다.

물론 이런 방식은 자사의 확고한 브랜드 인지 자산이 있는 경우에만 유효한 전략이다. 예컨대 앞서 소개한 도브도 유사한 방식으로 AI를 활용하고 있다. 물론 도브는 자사의 제품을 광고하기보다는 자사가 추구했던 가치를 소개한 것으로 결이 좀 다르긴 하다. 하지만 두 브랜드가 추구한 전략은 큰 맥락에서 일치한다. 특히나 일관성 있는 메시지로 긴 시간 동안 캠페인을 이어

챗GPT-4o로 직접 만들어본 이미지. 대부분 하인즈가 연상되는 이미지가 생성된다.

온 것은 두 브랜드의 공통점이다. 하인즈의 과거 행보를 살펴보면 이를 좀 더 명확히 알 수 있다.

하인즈의 캠페인 히스토리

하인즈는 2021년에 5개 대륙의 고객들에게 '케첩'을 그려 달라는 부탁을 한다. 일종의 실험 카메라를 진행한 것이다. 당연히 그들이 그린 그림은 모두 하인즈 케첩병의 모습이었다. (아마 나에게 부탁했으면 뚱뚱한 오뚜기 케첩병을 그렸을 텐데, 영민한 하인즈가 하인즈의 판매 비중이 높은 대륙의 고객들에게만 부탁했나 보다.) 소기의 목적을 달성한 그들은 고객이 그린 어설픈 그림을 그대로 옥외광고로 걸어버리고 지면광고도 집행한다.

비슷한 광고는 또 있었다. 한때 모 레스토랑에서 하인즈 케첩병에 다른 케첩을 몰래 채워 넣는 모습이 SNS에서 화제가 된 적이

"하인즈여야만 합니다." 가짜 케첩 사건에 영감을 받아 만든 옥외광고

있다. 비용 절감을 위해서였다는데, 해서는 안 될 행동으로 많은 사람의 공분을 산 사건이었다. 그런데 하인즈는 이것마저도 마케팅으로 활용했다. 2023년 옥외광고에 유사한 장면을 재현한 것이다. '하인즈여야만 한다'는 것을 직접 보여주려는 목적이었다. 이러한 꾸준한 노력이 통했던 걸까. 2024년 칸 라이언즈 광고제에서는 앞서 소개한 하인즈 캠페인을 모두 묶어 크리에이티브 이펙티브니스Creative Effectiveness 부문 그랑프리를 수여했다. 결국 하인즈는 수년이라는 시간 동안 자사의 차별화된 제품 이미지를 브랜드로 만들어왔다. 그리고 이번 AI 광고에서는 AI를 수단으로 활용해 수년간 이어온 자사의 메시지를 또 한 번 이야기한 것이다.

하인즈는 고객이 그린 케첩을 옥외광고로 이용했다.

2021년의 케첩 그리기 영상

무엇이 우리 눈을 사로잡을까

이렇듯 하인즈 케첩병의 독특한 디자인과 로고는 그 자체로 브랜드가 된 것 같다. 병 모양 하나만으로도 하인즈인 걸 알아볼 정도가 됐으니 말이다. 사실 브랜드의 시각적 차별화는 매우 중요한 요소인데, 이를 실험을 통해 직접 밝힌 연구도 있다.[15] 그 내용이 흥미로워 간단히 소개하고자 한다.

랄프 반 데르 란스Ralf Van Der Lans와 동료들은 다양한 연령대의 고객 106명을 모았다. 그리고 그들을 슈퍼마켓 판매대처럼 구성한 모니터 앞에 세웠다. 모니터에는 12개 브랜드의 커피가 나타났으며, 고객들은 특정 커피 브랜드를 찾도록 요청받았다. 연구진은 아이트래커를 통해 사람들의 시선을 추적하고, 시선이 머무는 곳과 이동하는 곳들을 분석했다. 이를 통해 과연 어떤 시각적 요소가 사람들의 주의를 끄는지를 도출해냈는데, 결과는 다음과 같았다.

시각적 두드러짐saliency의 관점에서, 빨간색은 많은 브랜드가 공통적으로 사용하고 있었다. 그래서 차별적 요소가 될 수 없었다. 그러다 보니 많은 이들이 빨간색을 볼 때 빠르게 시선을 옮겨버렸다. 반면 파란색과 금색은 소수의 제품들만 사용하고 있었고, 사람들은 해당 색상에 더 많은 주의를 기울였다. 이는 특정 제품을 찾는 데 중요한 단서로 작동했다. 그러니까 포인트는 차별화였다. 밝기 변화도 차별화 요소였다. 피험자들은 밝은 부분보다 어두운 부분에 더 많이 집중했는데, 이는 제품의 윤곽선으로 인식되는 곳에 더 많은 주의를 기울인 것으로 해석된다. 쉽게 말해 사람들이 제품 모양을 인식하기 위해 노력했다는 뜻이다. 추가적으로 사람들이 주로 어디에 시선을 더 고정fixation하는지에 대한 내용도 있었는데, 사람들은 텍스트보다 브랜드 로고나 색상 같은 시각적 요소에 더 많이 집중하는 것으로 나타났다.

이 실험이 말해주는 바는 분명하다. 시각적 요소인 색상, 밝기, 모양은 고객이 우리 브랜드를 찾고 기억하는 데 중요한 요소로 작동한다. 그리고 우리는 다른 브랜드와 구별되는 시각적 차별화 요소를 가져야 한다.

다시 하인즈 광고로 돌아가보자. AI를 활용해 누가 카테고리킹인지 직접 보여준 하인즈의 전략은 탁월했다. 하지만 하인즈만

연구진은 아이트래커를 통해 시선을 추적하고 분석했다.
(출처: Journal of the American Statistical Association)

의 독특한 병 모양이나 로고 디자인이 없었다면 애초에 이 캠페인은 시작하기도 어려웠을 것이다. 아무리 온라인에 하인즈 케첩 이미지가 많더라도 타사와 분명히 구별되는 디자인이 없었다면 그게 하인즈인지 오뚜기인지 주장하기도 쉽지 않기 때문이다. 수년간 캠페인을 이어온 것도 대단하지만, 타사와 구별되는 디자인 자산을 꾸준히 유지해온 것 또한 높이 평가받을 만한 점이다.

우리가 브랜딩을 하는 이유

하인즈의 재미있는 AI 활용 사례로 시작한 글이 브랜드의 시각적 차별화 문제까지 이어졌다. 이렇게 이야기를 확장한 데는 분명한 이유가 있다. 나는 하인즈의 케첩병과 로고가 그 모양만으로도 하나의 차별화된 브랜드로 작동하고 있다고 본다. 이것은 제품 디자인의 승리일 수도 있지만, 오랜 시간 쌓아온 인지 자산의 승리일 수도 있다. 더 차별화된 모양으로 더 오랫동안 기억에 남을 수 있도록 꾸준하게 마케팅을 이어온 결과라는 얘기다.

브랜딩을 하는 이유는 고객의 머릿속에 우리가 원하는 이미지를 차곡차곡 쌓기 위해서다. 이러한 과정은 일관성을 기본으로 한 시간의 퇴적 안에서만 가능하다. 어느 날 갑자기 하인즈가 AI를 '짠' 하고 들고나온 것이 대단한 게 아니다. 긴 브랜딩 과정 속 하나의 전술로 AI를 활용했다는 점을 보여주고 싶었다. 이번 글에서 주목해야 할 부분은 바로 그 지점이다. 우리는 브랜드를 만들고 마케팅을 하는 목적이 무엇인지 이해해야 한다. 그리고 그 안에서 AI를 어떻게 활용할 수 있을지 고민해야 한다. 그럴 때 AI는 우리 브랜드의 무기가 될 수 있다.

마케터를 위한 팁

- 시각적 차별화 요소는 고객의 주의를 집중시키는 중요한 요소다.
- 하인즈는 차별화된 디자인으로 인지 자산을 꾸준하게 쌓아왔다.
- 우리 브랜드만의 차별화된 자산은 무엇이고, 그걸 쌓기 위해 무엇을 할 수 있을까.

신념을 바꾸는 설득의 기술

A 씨는 점심 식사를 마치고 산책길에 나섰다. 그런데 횡단보도 앞에서 신호가 바뀌길 기다리던 중, 누군가 다정한 미소를 지으며 말을 걸어왔다. "안녕하세요. 이 스티커 하나만 붙여주실 수 있나요?" 환경보호단체의 활동가였다. 북극곰을 살리기 위해서라는데, 그까짓 거 뭐가 어렵나 싶다. "감사합니다. 북극곰에게 도움이 되는 방법을 소개해드려도 될까요. 후원을 통해 더 큰 변화를 만들 수도 있고요." A 씨는 멈칫했다. 하지만 활동가의 진심 어린 설명에 그는 고민에 빠졌다. 어떻게 해야 할까.

독자 여러분도 위와 같은 경험을 한 적이 한 번쯤은 있으리라 생각한다. 아마도 누군가는 귀찮다며 황급히 발걸음을 옮겼을 것이다. 하지만 또 누군가는 고민하다 후원을 결정하기도 한다. 마침 관심이 있었는데 좋은 기회가 마련된 것일 수 있다. 아니면 관심이 전혀 없지만 그래도 그 정도는 할 수 있다고 생각했을지도 모른다. 이유야 어찌 됐든, 길을 가던 사람이 멈춰 서서 무엇인가 행동했다는 것이 중요하다. 귀찮고 피곤한 일 많은 세상에서 무엇인가 행동했다는 것은 변화가 일어났다는 뜻이다. 그리고 마케팅을 하는 사람들에게 그러한 변화의 순간은 언제나 흥미롭다.

중요한 건 이러한 권유 과정에도 사람의 행동을 바꾸는 심리학 이론이 치밀하게 반영되어 있다는 사실이다. 활동가의 설득 멘트뿐만 아니라 배너 광고부터 구독 서비스를 권유하는 방식까지, 설득의 모든 과정에 심리학 이론이 은밀하게 숨어 있다. 지금부터 다룰 내용은 바로 그 부분이다. 고객은 과연 어떤 상황에서 스스로 신념까지 바꾸는지, 그리고 또 어떤 상황에서 행동하는지 함께 살펴보자. 고객 행동의 기저에 깔린 심리학적 기제를 이해하고 생성형 AI와 어떻게 접목할 것인지도 함께 고민해보자.

신념은 변할까

심리학에는 이른바 '이케아 효과'라는 개념이 있다. 마이클 노턴Michael Norton과 동료들이 《소비심리학 저널Journal of Consumer Psychology》에 기고한 논문에서 처음 언급한 개념이다. 해당 연구에서는 사람들이 직접 조립한 물건에 좀 더 큰 애착을 느끼고 그 물건을 과대평가한다는 사실을 밝히고 있다.[16]

실험 내용이 흥미로운데 좀 더 자세히 풀어보면 이렇다. 먼저 연구자들은 참가자를 A 그룹과 B 그룹으로 나눴다. 그리고 A 그룹에는 완성된 상태의 가구를 제공하고, B 그룹에는 참가자가 직접 조립해야 하는 가구를 제공했다. 그러고 나서 두 그룹은 가구의 품질과 가치를 평가하도록 요청받았다. 결과는 어땠을까? 비슷한 품질의 가구였지만 당연히 B 그룹의 평가가 더 좋았다. 사람들은 스스로 조립한 가구를 더 가치가 높다고 평가한 것이다. 자신이 에너지와 시간을 쏟은 대상에 더 높은 가치를 부여한 결과였다.

어떤가. 우리가 이케아 가구를 끙끙거리며 조립하고 나서, 왜 그토록 그 가구에 집착하며 잘 버리지 않는지 이제 이해되지 않나. 이는 가구의 모양이나 기능 때문이 아니다. 조립 과정의 노력과 참여가 감정적 애착을 강화했기 때문이라는 것이 연구자들의 분석이다.

연구자들은 레고 조립과 종이접기 실험을 추가로 진행했다. 참가자들에게 레고를 직접 조립하게 하거나 종이 개구리를 만들게 하는 방식이었다. 그리고 자신들이 만든 작품을 경매를 통해 구매하도록 했다. 역시나 결과는 같았다. 자신이 만든 작품에 더 높은 가치를 부여한 것이다. 경매 상품 중에는 무려 종이접기 전문가가 만든 작품이 있었는데도 말이다. 종이접기 전문가가 종이를 접었다니 접히는 부분이 얼마나 매끄럽게 완성되었을지 나도 직접 보고 싶은 마음이 불쑥 드는데, 핵심은 그게 아니다.

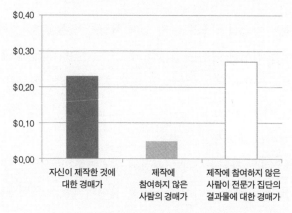

노력 정당화를 보여주는 실험 결과

$0.40

$0.30

$0.20

$0.10

$0.00

자신이 제작한 것에
대한 경매가

제작에
참여하지 않은
사람의 경매가

제작에 참여하지 않은
사람이 전문가 집단의
결과물에 대한 경매가

(출처: "The IKEA Effect: When Labor Leads to Love",
Journal of Consumer Psychology)

여기서 중요한 건 사람들의 가치 판단에 무언가가 영향을 주고 있다는 점이다.

이러한 실험 결과는 '노력 정당화effort justification'라는 개념으로 설명할 수 있다. 사람들은 시간과 노력을 투자한 대상에 더 큰 애착을 느끼며, 이를 가치 있는 경험으로 정당화하려는 경향이 있다는 의미다. 이런 정당화는 심리학에서 흔히 언급하는 '인지 부조화cognitive dissonance'를 줄이기 위한 행동으로 볼 수 있다.

우리는 과연 합리적인가

한편, 실험실 밖으로 나가 실제 사람들이 살고 있는 환경에서 실험을 진행한 이들도 있었다. 바로 프리드먼Freedman과 프레이저Fraser다.[17] 이들은 영업 분야에서 유명한 설득 기술인 '현관에 발 들여놓기Foot-in-the-door technique'를 실험으로 증명했는데, 간단히 소개하자면 이렇다.

연구진은 자원봉사자를 가장해 집집마다 방문하며 작은 부탁을 했다. 집에 조그마한 스티커를 붙여달라는 요청이었다. 스티커 내용은 안전운전에 관한 것이었는데, 누구나 쉽게 들어줄 수 있는 부탁이었다. 실제로 많은 사람이 이 부탁을 받아들였고, 몇몇은 별생각 없이 스티커를 붙여주었다. (논문에서 소개하고 있는 실험 내용은 좀 더 복잡하다. 예컨대 작은 요청의 경우, 스티커를 붙이는 것 이외에 총 네 가지의 선택지가 있었다. 이 글에서는 최대한 단순화해 실험의 의도를 전달하고자 했다.)

이후 연구팀은 스티커를 붙인 집과 그렇지 않은 집을 다시 방문했다. 그리고 이번엔 훨씬 더 부담스러운 요청을 했다. "집 앞마당에 커다란 간판을 설치해도 될까요?"라는 요청이었다. 이 간판은 'Drive Carefully'라는 메시지를 담고 있었지만, 크기 때문에 집 외관에 영향을 줄 만한 수준이었다. 작은 스티커를 붙이는 것과는 전혀 다른 이야기였지만, 결과는 놀라웠다. 스티커를 붙였던 사람들 중 무려 55퍼센트가 간판 설치 요청을 들어준 것이다. 반면 스티커를 붙이지 않은 대조군에서는 20퍼센트 미만이 간판 설치에 동의했다. 스티커를 붙였던 집단의 동의율이 3배가량 높았던 것이다.

대체 어떻게 이런 일이 가능했을까? 심리학에서는 이를 '행동과 태도의 상호작용'으로 설명한다. 다시 말해 사람의 행동과 태도(가치관)는 서로 영향을 주고받는다는 말이다. 그러다 보니 행동이 가치관이나 태도와 일치하지 않을 때 사람들은 심리적 불편감을 느낀다. 이른바 '인지 부조화' 현상이 나타나는 것이다.[18]

사람들 대다수는 안전운전에 별 관심이 없거나 진지하게 고민하지 않았을 것이다. 그런데 어떤 이유로든 스티커를 붙였다면, 행동한 것과 평소의 태도가 일치하지 않는 사람이 되는 것이다. "왜 그렇게 행동한 거야?"라는 질문을 받았을 때, 논리적으로 설명하기 어려운 사람 말이다. 이건 스스로 봐도 좀 별로다. 비합리적인 사람이 되기 때문이다. 이를 피하기 위한 아주 간단하고도 현명한 방법이 있는데, 그건 이렇게 마음먹어 버리는 것이다. '난 안전운전을 중요하게 생각하는 사람이야.' 참으로 빠르고 간단한 방법이다. 중요한 점은 이런 과정이 우리가 의식하지도 못하는 사이에 벌어진다는 것이다. 일종의 정신승리 같지만, 뭐 어떤가? 우리는 그렇게 합리적인 사람이 될 수 있다.

그런데 문제는 더 큰 부탁을 받았을 때이다. 이를테면 이런 부탁 말이다. "선생님께서는 지난주에 스티커를 붙여주셨군요. 안전운전에 공감해주셔서 감사해요. 이번에는 마당에 간판 하나를 설치해 안전운전의 중요성을 알려보면 어떨까요." 이 요청을 들었을 때 우리의 의식에서는 어떤 일이 일어날까. 나는 분명 '안전운전에 관심이 있는 사람'이라는 태도를 형성해두었기에, 그에 맞는 행동을 하려면 간판을 세워야 한다. 만약 거절한다면 앞서 형성한 태도와 행동이 불일치하게 된다. 그럼 다시 심리적 불편감을 느낀다. 결국 이 불편감을 피하기 위해 우리가 취할 행동은 정해져 있다. 앞서 살펴본 55퍼센트의 사람들처럼 간판을 세우는 것이다. 다행히 내가 사는 집에는 마당이 없지만, 만약 있었다면 좀 난처했을 것 같긴 하다.

우리는 보통 스스로가 신념에 따라 행동한다고 생각한다. 하지만 위 실험에서는 정반대의 이야기를 하고 있다. 우리의 작은 행동 때문에 태도가 바뀔 수도 있다는 말이다. 이러한 실험 결과는 우리의 삶과 비즈니스에 중요한 통찰을 제공한다. 이 같은 통찰을 마케팅에 적용한 사례는 주변에서도 흔하게 찾아볼 수 있다. 예를 들어 무료 샘플을 제공하거나 소소한 설문 조사를 요청하는 방식이 대표적이다. 고객의 작은 행동으로 그들의 생각마저 바뀌길 기대하는 것이다. '내가 샘플을 받아서 쓴 건 이 브랜드에 관심이 있어서야.' 이런 생각을 무의식적으로 할 수 있길 바라면서 말이다. 이후 구매나 입소문 내기 같은 더 큰 행동으로 이어질 수 있다면 금상첨화다.

이는 마케팅을 하는 우리가 고객에게 어떻게 다가가야 할지 생각하게 한다. 결국 마케팅이란 고객을 설득하는 과정 그 자체일 테니 말이다. 그렇다면 이러한 전략을 마케팅 실무에 어떻게 적용할 수 있을까? 세 가지 예시를 통해 함께 살펴보자.

고객을 관여시키는 세 가지 방법

첫째, '댓글'은 고객이 참여하는 가장 기본적이며 단순한 방법 중 하나다. 유튜브가 전통 미디어와 가장 구별되는 점 중 하나는 댓글을 통해 감정 표현을 할 수 있다는 점이다. 고객들은 콘텐츠를 보며 재미있을 때는 "개꿀잼", "대존잼" 같은 감정 표현으로 긍정 반응을 남긴다. 때로는 브랜디드 콘텐츠에 "이 광고 만든 사람 승진시켜라", "월급 더 줘라"라는 훌륭한 댓글이 달리기도 하는데, 댓글에 집착하는 나 같은 마케터에겐 최고의 칭찬이다. 하지만 이런 즉각적인 반응은 즐거움을 주지만 동시에 두려움도 안겨준다. "제발 그만 좀 해"라는 댓글을 넘어 '무플'은 그야말로 공포다. 마케터는 손톱을 깨물며 초초한 시간을 보내게 된다.

댓글 이벤트는 이런 상호작용을 적극 유도하는 훌륭한 방법이다. 예를 들어 광고의 감상평을 댓글로 남기거나 영상을 공유해달라는 요청을 할 수 있다. 광고 상품으로 3행시를 공모하거나 광고 내용과 관련된 퀴즈를 내는 것도 방법이다. 물론 고객 대부분은 경품을 받기 위해 댓글을 달기 때문에 성의 없는 댓글이 많을 거라 생각하기 쉽다. 하지만 실제로 이런 이벤트를 해보면 당

첨 확률을 높이기 위해 열심히 노력해서 댓글을 다는 이들이 의
외로 많다. 그렇게 열심히 작성된 댓글은 그 자체로 광고에 대한

고객에게 작은 부탁을 하는 댓글 이벤트
(출처: 각 회사 SNS)

긍정적인 관여를 높이는 도구가 된다.

작은 팁 하나를 공유하자면, 유튜브 플랫폼에서는 우리 콘텐츠에 댓글, 좋아요 등 상호작용을 한 시청자들을 타깃으로 광고를 노출하는 정교한 전략이 가능하다. 예를 들어 댓글을 단 고객들을 대상으로 특정 메시지를 전달하거나, 시퀀스를 구성해 점차 더 큰 참여를 유도할 수 있는 것이다.[19]

둘째, 생성형 AI를 통해 고객 참여를 이끄는 방식이 있다. 이미지 생성 AI를 통해 브랜드 포스터를 제작해달라고 하거나, 신상품의 모습을 상상해서 만들어달라고 요청하는 방법이 대표적이다. 이는 고객을 단순 소비자가 아니라 브랜드의 공동 창작자로 인정하며 참여를 이끄는 방식이다. 고객이 제작한 이미지를 마케팅 캠페인에 실제로 사용하거나, 고객이 제안한 신상품의 모습을 제품 출시에 반영하기도 한다. 이는 고객에게 경품이 줄 수 없는 성취감을 안겨주고, 브랜드와의 심리적 연결감을 줄 수 있다. 이 같은 방법은 코카콜라의 'Create Real Magic' 캠페인, 버거킹의 'Million Dollar Whopper Contest', 르노의 'Reinvent Twingo' 캠페인에서 실제로 사용되었다. 해당 캠페인들의 내용은 이어지는 챕터에서 자세하게 다룰 예정이다.

또한 AI 챗봇을 활용하는 방식도 가능하다. 현관에 발 들여놓기 기법을 활용해 AI 챗봇이 고객에게 간단한 요청을 제안하고, 이를 성공적으로 완료한 뒤 더 큰 요청으로 연결하는 방식이다. 예컨대 간단한 설문 조사에 반응하는 고객에게는 할인 쿠폰이나 샘플 등 소정의 혜택을 제공할 수 있다. 그리고 설문 결과에 기반해 맞춤형 제안을 하거나 더 큰 활동(예: 새로운 캠페인에 참여, 제품 리뷰 작성 등)을 요청할 수 있다. 이러한 과정을 통해 고객을 점진적으로 관여시키며 브랜드와의 관계를 이어나갈 수 있다.

이들이 이벤트에 참여한 후 어떤 심리적 변화를 겪게 될지, 앞에서 언급한 실험을 통해 상상해볼 수 있다. 비록 많은 이들이 단순히 경품 때문에 참여했다 해도, 일단 행동을 하고 나서 스스로 이런 태도를 형성했을 수 있다. '내가 이 이벤트에 참여한 건 사실 이 브랜드에 흥미가 있었기 때문이야.' 그럼 브랜드는 그런 고객들에게 조금 더 큰 부탁을 하는 것도 가능하지 않을까. "우리 상품을 더 좋아해주세요"라는 정서적인 요청일 수도 있고, "한번 구매해보시는 건 어떨까요?"라는 직접적인 제안일 수도 있다. 더 정성스럽게 포스터를 만들었던 고객일수록 그렇지 않은 고객에 비해 우리의 부탁을 들어줄 가능성이 더 높을 것이다. 우리가 고객에게 작은 부탁을 시작해야 하는 이유다.

셋째, 게임형 이벤트를 통해 고객을 참여시킬 수 있다. 이벤트에 적극적으로 참여할수록, 그 과정에서 즐거운 감정이 만들어질수록 효과는 높아진다. 영국의 제과 회사 캐드버리Cadbury가 진행한 'Worldwide Hide' 캠페인은 이 원리를 탁월하게 활용하고 있는데, 간단히 소개하면 이렇다.

캐드버리는 부활절 시즌을 맞아 구글 지도와 연동된 가상 부활절 달걀 숨기기 이벤트를 진행했다. 참여자가 원하는 장소에 가상의 달걀을 숨기고, 친구에게 메일로 힌트를 보내 찾게 하는 방식이다. 예컨대 '우리가 처음 만난 장소'를 골라 달걀을 숨기고 상대방이 찾을 수 있도록 이벤트 메일이나 메시지를 보내는 것이다. 물론 이걸 찾은 상대방에게는 캐드버리 초콜릿을 선물로 주었다. 초콜릿을 숨기는 사람이 또 다른 고객을 초대한다는 점이 매력적이다. 단순한 게임처럼 보이지만, 이 캠페인이 특별한 이유는 바로 '감정적 연결'에 있다. 참여자는 의미 있는 장소에 달걀을 숨기고, 소중한 사람에게 그 장소를 알리며 함께 공유하는 '경험'을 쌓게 된다.

캐드버리는 이 캠페인에서 '부탁-승낙 원리'를 활용하고 있다. 달걀을 숨기고 힌트를 보내달라는 작은 요청은 고객들이 쉽게 승낙할 수 있는 참여다. 하지만 그 과정에서 캐드버리라는 브랜드가 자신들의 의미 있는 순간에 함께한다는 인식을 쌓게 된다. 이처럼 고객의 작은 참여를 유도하고, 그 과정에서 브랜드와의 감정적 연결을 강화하는 전략은 오늘날 마케팅에서도 활발히

Join the Cadbury Worldwide Hide
(출처: 캐드버리 유튜브 채널)

https://www.youtube.com/watch?v=SMRRW1vUP3M&t=12s

활용 중이다. 이케아 효과와 부탁-승낙 원리가 보여주듯, 고객의 관여와 행동은 단순한 경험을 넘어 브랜드에 대한 애착과 신뢰로 이어질 수 있기 때문이다.

작은 행동이 만들어내는 큰 변화

지금까지 심리학 실험을 통해 사람의 태도가 어떻게 변할 수 있는지 살펴봤다. 사람은 누구나 합리적이고 싶어 한다. 자신의 행동과 생각이 일관성을 갖길 원한다. 그런 경향성을 염두에 두고 고객에게 작은 부탁부터 해보는 건 어떨까.

참, 길거리에서 "도를 아십니까"를 묻는 일명 '도쟁이들'도 이러한 심리 기제를 잘 활용한다. "혹시 지하철역이 어디인가요?"라고 묻는 방식을 통해서 말이다. 이렇게 가벼운 '요청'에 응답하고 나면? 곧장 어떤 질문이 이어질지 모두 잘 알 것이다. 그들이 앞서 소개한 심리학 실험을 공부했는지는 알 수 없다. 하지만 모르는 사람과 대화하기 위해 물꼬를 어떻게 트는지는 분명 알고 있는 듯하다.

마케팅은 단순히 우리를 어필하는 것이 아니다. 상품을 자랑만 하는 것은 더더욱 아니다. 고객이 브랜드를 경험하도록 초대하는 것이다. 그 초대는 작은 부탁에서 시작될 수 있다. 작은 부탁이 고객의 행동을 바꾸고 나아가 생각을 바꿀 수 있다는 걸 우리는 이미 알고 있다. 그래서 작은 초대는 브랜드와 긴밀한 관계를 형성하는 첫걸음이 될 수 있다. 작은 행동이 만들어내는 큰 변화를 믿어보자. 프리드먼과 프레이저의 실험처럼 일단 고객이 우리의 첫 번째 제안을 받아들인다면, 더 큰 성과를 위한 문은 이미 열려 있는 셈이다.

마케터를 위한 팁

- 사람들은 생각한 대로 행동한다고 믿지만, 행동하고 난 뒤 태도나 인식이 형성되기도 한다.
- 고객의 작은 행동(참여)이 우리 브랜드에 대한 태도나 인식을 바꾸는 계기가 될 수 있다.
- 고객의 작은 행동을 이끄는 전략으로 댓글, 생성형 AI, 이벤트 활용을 적극 고려해보자.

3부

무엇이든
만들 수 있다면
무얼 만들어야 할까

5장

생성형 AI와 저작권 분쟁,
어떡하지?

B 씨는 한 스타트업에서 마케터로 일하고 있었다. 여느 스타트업이 다 그렇듯 혼자서 해결해야 하는 일이 많았다. SNS뿐만 아니라 유튜브 채널까지 직접 운영하려다 보니 몸이 열 개라도 모자랄 지경이었다. '이게 내가 생각한 마케터가 맞나' 하는 회의감이 들 때쯤 B 씨의 관심을 사로잡은 건 바로 생성형 AI였다. 그에게 생성형 AI는 그야말로 신세계였다. 텍스트만 간단히 입력해도 AI는 원하는 이미지를 뚝딱뚝딱 만들어냈다. 온라인에 공개된 프롬프트만 따라 해도 이미지의 퀄리티는 몰라보게 좋아졌다. 마치 전문 디자이너의 도움을 받는 듯했다. "아, 이런 세상이 있다니!" 마술봉을 들고 있는 기분이었다. B 씨는 신이 나서 AI를 활용했다. 회사의 SNS뿐만 아니라 각종 홍보물에도 AI가 만들어낸 이미지가 사용됐다. 대표까지 나서서 B 씨의 활약을 칭찬할 정도였다.

그런데 어느 날 뜻밖의 일이 일어났다. 일러스트레이터로 활동 중인 C 씨가 회사로 메일을 보낸 것이다. C 씨는 B 씨가 자신의 작품을 모방했다며 소송을 예고했다. "엥? 소송?" B 씨는 예상치 못한 메일을 받고 어쩔 줄 몰라 당황했다. 그리고 억울했다. C 씨의 작품이 세상에 존재하는지도 몰랐는데 표절이라니. 게다가 소송이라니. 대체 어떻게 해야 할까. 앞이 막막해졌다.

B 씨의 이야기는 가상의 사연이지만, 실은 누구나 겪을 수 있는 일이다. 나 또한 광고를 만들고 캠페인을 진행하다 내용증명을 받은 적이 있다. 그때를 생각하면 지금도 소화가 잘 안 된다. 결과적으로 잘 해결되긴 했지만, 열심히 해보려 했던 일이 꼬여갈 때의 기분은 씁쓸함 그 이상이다. 마찬가지로 누구나 B 씨의 상황에 처할 수 있다. 특히나 생성형 AI의 저작권 이슈는 모두에게 잠재적으로 존재하는 리스크나 다름없다. 그래서 이번 글에서는 생성형 AI와 저작권에 대한 이야기를 해보려 한다. 그리고 그러한 리스크를 자신만의 방식으로 타개해간 사례를 소개하고자 한다.

AI 저작권 분쟁, 무엇이 문제일까

먼저 저작권 분쟁이 있었던 영국의 이야기를 살펴보자. 글로벌 최대 규모의 이미지 제공업체인 게티이미지Getty Images가 스테빌리티 AIStability AI를 상대로 제기한 지적재산권 침해 소송이 있었다. 스테빌리티 AI는 '스테이블 디퓨전'이라는 생성형 AI 서비스를 제공하는 기업인데, 문제는 스테이블 디퓨전이 게티이미지가 보유한 수백만 장의 이미지를 AI 학습에 사용했다는 점이다. 그렇다면 게티이미지는 이 사실을 어떻게 알 수 있었을까. 놀랍게도 AI가 생성한 이미지에서 게티이미지 태그가 발견되었다. 게티이미지에서 워터마크처럼 사용하는 태그인데, AI가 그 부분까지 학습해 이미지를 생성한 것이다. 게티이미지는 데이터베이스 유지를 위해 매년 2억 달러 이상 투자 중이며, 해마다 83만 장 이상의 사진이 판매된다고 한다.[20] 그런데 이걸 비용 지불도 없이 그냥 가져다 쓴 정황이 나온 것이다. 게티이미지 입장에서는 당황스러움을 넘어 자사 비즈니스에 위협이 된다고 판단했던 것으로 보인다. 그들이 영국에 이어 미국에서까지 소송을 제기한 이유도 여기에 있을 것이다.[21]

우리가 놓치지 말아야 할 부분은 바로 생성형 AI의 학습 과정이다. 생성형 AI는 기본적으로 온라인에 공개된 방대한 데이터를 학습한다. 방대한 양의 데이터를 학습하지 못했다면 놀라우리만큼 진보한 생성형 AI를 만날 수도 없었을 것이다. AI에는 이른바 규모의 법칙Scaling Law이 적용되기 때문이다. 이는 데이터 학습량의 규모를 늘리면 더욱 정교한 AI가 만들어진다는 법칙이다. 이런 현상 덕에 관련 업계에선 "규모가 전부다Scale is all you need"라는 말이 등장할 정도다. 따라서 학습을 위한 대규모 데이터는 AI에게 꼭 필요하다. 데이터 학습을 통해 AI는 세상에 존재

(위) 게티이미지의 스톡 이미지, (아래) 스테이블 디퓨전으로
생성한 이미지(우측 게티이미지 워터마크가 일그러져 있다)

하는 것들의 패턴을 찾아내 새로운 소설을 만들기도 하고 세상에 없던 이미지를 생성해내기도 한다.

흥미로운 점은 AI가 사람이 촬영한 사진이나 사람이 직접 작성한 글을 학습할 때 더 좋은 결과물이 나온다는 점이다. AI가 생성한 결과물을 또 AI가 학습할 경우, 결과물의 질적 수준이 상대적으로 낮아진다고 한다. 그렇다 보니 생성형 AI의 학습을 위해서는 고품질의 데이터가 대량으로 필요한 것이다. 그러면 고품질의 이미지 데이터베이스는 어디서 구해야 할까. 온라인상에 공개된 수없이 많은 이미지를 그대로 사용하면 될까? 블로그, 쇼핑몰, 기사, 각종 홈페이지를 비롯해 스톡 이미지 판매업체가 샘플로 공개한 이미지까지 이 모든 것을 학습한다면, 이건 과연 공정한 일인지 의문이 든다. 아무리 온라인에 공개된 데이터라 할지라도 저작권자는 존재하기 때문이다.

게다가 저작권자 스스로 누구나 볼 수 있게 공개한 자료라 할지라도 해당 자료를 AI의 학습에 사용하는 데 동의하느냐는 다른 문제일 수 있다. 심지어 AI가 학습의 결과물로 막대한 투자를 받고 수익을 창출한다면 문제가 더 커질 수 있다. 예를 들어 내가 저명한 디자이너이고 나만의 독특한 디자인 샘플을 온라인에 공개해두었다면 어떨까. 그리고 생성형 AI가 그걸 학습해 유사한 결과물을 만들어낸다면? 문제가 그리 간단하지 않아 보인다.

쟁점은 바로 '공정 이용'

AI의 학습과 관련된 소송에서 '공정 이용 fair use' 개념이 중요한 쟁점이 될 것이라고 전문가들은 전망한다. 이것은 저작권을 가지고 있는 사람의 동의 없이도 저작물을 사용할 수 있느냐를 판단하는 기준이 될 수 있는데, 주로 미국 법원에서 사용되는 개념이다. 쉽게 말해 저작권자의 동의가 없더라도 '공정 이용'에 부합한다면, 저작권 위반에 대한 면책 권리를 주겠다는 말이다. 이러한 공정 이용을 판단하는 요소 몇 가지가 있다. 그중 대표적인 것이 바로 '사회 전체 이익 증대' 관점이다. AI가 생성한 결과물이 사회 전체의 이익을 증대한다면 공정 이용이 될 수 있다는 의미다. 비록 해당 결과물이 상업적으로 활용된다 할지라도 말이다.

대표적인 사례가 구글의 '북스 라이브러리' 프로젝트다. 구글은 인류의 지식을 디지털화한다는 목적으로 전 세계 도서관과 협업해 장서들을 스캔했다. 그렇게 디지털화된 책들은 구글 검색을 통해 일부 내용이 공개된다. 이를 통해 결과적으로 구글이 상업적 이익을 얻을 수 있지만, 프로젝트 취지를 고려할 때 사회 전체의 이익을 증진할 수 있다. 이 경우 공정 이용에 부합한다고 볼 수 있는 것이다.[22]

하지만 공정 이용 관점은 저작권법상 면책 사유를 정한 것에 불과하다는 한계가 있다. 생성형 AI의 학습뿐만 아니라 결과물에 대한 이용 권리 등 직접적 연관이 있는 법 제정이 필요한 이유다. 실제로 EU 의회에서는 2024년 3월 인공지능법AI Act을 통과시켰다. 글로벌 규제 기준이 명확하게 정리되지 않은 상황에서 EU의 규제 내용은 글로벌 표준이 되는 경우가 많다. 그러므로 각 국가별로 AI 관련 법이 구체화되고 있는 상황에서, 가장 빠른 속도를 내고 있는 EU의 입법을 주의 깊게 살펴볼 필요가 있다.

EU의 AI법은 AI 시스템을 위험 수준에 따라 4단계로 분류하여, 각 단계에 따라 차등적 의무를 부과하는 것이 특징이다. 4단계는 (1) 금지된 AI 시스템, (2) 고위험 AI 시스템, (3) 제한적 위험 AI 시스템, (4) 최소 위험 AI 시스템으로 구성된다.[23] 금지된 AI 시스템은 인간의 존엄성, 자유, 평등, 민주주의 등 EU의 기본 가치를 훼손할 수 있는 경우에 해당되며 이는 사용이 전면 금지된다. 고위험 AI 시스템은 건강, 안전 또는 기본권에 영향을 줄 수 있는 경우이며, 적합성 평가, 기본권 영향 평가 의무가 부과된다. 제한적 위험 AI 시스템은 속임수에 활용될 수 있는 경우이며, 투명성 의무를 진다. 즉, 생성된 콘텐츠에 대한 표시 의무 및 저작권이 적용되는 학습 데이터의 공개를 의무화하는 것이다.[24] 우리가 지금 사용하고 있는 대부분의 LLM이 최소한 이 단계에 해당될 것으로 보인다. 따라서 해당 법이 정식 발효된 후부터는 투명성 의무에 따라 학습 데이터의 공개도 의무화될 전망이다. 그렇게 된다면 AI의 데이터 학습 논란도 어느 정도 해결의 실마리를 찾을 수 있지 않을까. 해당 법은 발효일로부터 6개월에서 36개월 이후부터 단계적으로 유럽 국가들에서 시행될 예정이니,

과연 LLM들이 어떻게 대응해나갈지가 관전 포인트가 될 듯하다.

상황이 이렇게 돌아가다 보니, 아예 저작권 이슈가 '없다고 주장하는' 생성형 AI가 등장하기도 했다. 어도비Adobe의 '파이어 플라이Firefly'가 대표적인 사례다. 어도비는 권리 보유 중인 콘텐츠나 저작권이 만료된 콘텐츠를 학습에 사용했다고 밝혔다. 그러니까 학습한 데이터만 놓고 보자면 저작권 이슈로부터 상당히 자유롭다는 말이다. 이는 어도비의 포토샵이나 일러스트레이터가 실제 디자인 현업에서 널리 사용되고 있기에 꼭 필요한 조치

유럽 인공지능법의 AI 시스템 분류 및 차등적 규제 내용

EU 기본권과 가치 침해 ◀━━ **금지** ━━▶ '금지된 AI 시스템

건강, 안전 또는 기본권에 영향 ┄┄▶ **적합성 평가, 시판 후 모니터링 등 기본권 영향 평가** ━━▶ 고위험 AI 시스템

사칭, 조작 또는 속임수의 위험 (e.g., 챗봇, 딥페이크, AI 생성 콘텐츠) ━━▶ **투명성 의무** ━━▶ 제한적 위험 AI 시스템

일반 AI 시스템 (e.g., 스팸 필터, 추천 시스템 등) ━━▶ **별도 규제 없음** ━━▶ 최소 위험 AI 시스템

범용 AI 모델

- 범용 AI 모델: 투명성 의무
- 시스템적 위험이 있는 범용 AI 모델: 투명성 의무 + 위험 평가 및 완화 조치

(출처: 심소연, "규제중심의 유럽연합 인공지능법", 최신외국입법정보, 2024, 유럽의회조사처 자료를 재구성)

저작권 걱정없이 작업할 수 있는 포토샵 AI 기능

파이어플라이는 어도비 스톡 이미지, 개방형 라이선스 콘텐츠, 저작권이 만료된 퍼블릭 도메인 콘텐츠 및 원작자들의 허락을 받은 이미지 원본만을 이용해 학습하여 저작권 문제에서 자유롭게 활용할 수 있습니다.

Adobe
https://www.adobe.com › hub › photoshop-ai-copyright :
AI 저작권 알아보고 포토샵 활용하기 - Adobe

저작권 문제에서 자유로운 파이어플라이

였다고 본다.

그렇지만 얼마나 양질의 데이터를 학습했느냐 못지않게 중요한 점이 얼마나 방대한 데이터를 학습했느냐이다. 데이터가 방대할수록 결과물의 퀄리티가 좋아질 수 있기 때문이다. 그런데 위와 같이 저작권 문제가 없는 소스로 학습 데이터를 한정할 경우, AI 생성물의 퀄리티가 제한적일 수 있겠다는 생각이 든다. 단순히 저작권 문제가 없는 데이터로 한정해 학습하는 것이 완전한 해결책이 될 수 없는 이유다.

한국관광공사가 AI를 활용한 방법

앞서 살펴본 바와 같이 저작권 이슈가 완전히 해결되지 않는 이상, 브랜드가 생성형 AI를 자유롭게 사용하지는 못할 듯 보인다. 그럼에도 이러한 이슈를 지혜롭게 헤쳐나간 곳이 있다. 바로 한국관광공사다. 한국관광공사는 몇 해 전 진행한 '필 더 리듬 오브 코리아Feel the Rhythm of Korea' 캠페인으로 큰 주목을 받았다. 해당 캠페인은 다양한 국내외 광고제를 휩쓸고 단숨에 한국관광공사를 마케팅 명가로 끌어올렸다. 그랬던 한국관광공사가 이번에도 명예를 걸고 AI 활용의 좋은 사례를 만들어냈다.

어떻게 하면 한국의 아름다움을 소개할 수 있을지 고민하던 한국관광공사는 바로 '명화'에서 답을 찾았다. 누구나 알 만한 명화의 화풍을 모방해 서울의 모습을 재창조한 것이다. 고흐나 뭉크, 모네 같은 작가가 현재의 한국을 방문한다면 어떨까. 그들이 한국의 골목길과 역사적으로 의미 있는 장소를 그린다면? 특유의 화풍으로 소화해낼 현재 한국의 모습이 궁금할 법하다. 이번 캠페인은 바로 그런 호기심에서 시작됐다.

광고에서는 누가 봐도 한눈에 알아볼 수 있는 고흐의 화풍으로 그린 한강과 여의도의 모습이 등장한다. 을지로는 툴루즈 로트레크의 화풍으로, 부산 감천문화마을은 마티스의 스타일로 표현해낸다. 불국사는 클로드 모네의 그림처럼 그리고, 첨성대는 클림트의 화풍으로 그려낸다. 시대를 대표하는 화가들이 살아 돌아온다면, 그들이 한국의 명소를 그렸다면 꼭 이런 모습이었을 것 같다. 그림은 곧장 영상처럼 살아 움직이며 우리 눈앞에 재현된다. 우리가 잘 알고 있는 명소가 이렇게 생경한 방식으로 표현되는 것이 흥미롭다.

그렇다면 한국관광공사는 저작권 이슈를 어떻게 해결했을

까? 유명 작가의 화풍 또한 분명히 지적재산권으로 보호되는 것일 텐데 말이다. 공사는 사후 70년이 넘은 화가의 경우 지적재산권 문제에서 자유롭다는 점에서 해결의 실마리를 찾았다. 그렇게 사후 70년 이상된 화가 중 우리에게 친숙한 이들을 선별하고, 그들의 작품을 모아 AI에게 학습시켰다. 공사는 무려 1,100장이 넘는 작품을 확보해 각 작품당 8만 회 이상 AI 학습을 진행했다고 한다. 또한 한국 사진 1,600장 이상을 직접 촬영해 AI 학습을 위한 기반을 마련했다.[25] 즉, AI가 학습한 원천 데이터가 저작권에

반 고흐가 한국을 방문했다면?

https://www.youtube.com/watch?v=rPZGxw6Jsrg

서 자유로울 수 있었던 것이다. 이런 방식으로 누구나 알 만한 화풍을 활용해 영상을 만들 수 있었다.

한국관광공사가 저작권 분쟁 이슈를 피해 가면서도 완성도 높은 영상을 만들어낸 건 전략의 승리 아니었을까. AI의 한계를 극복하고 결과물을 빚어낸 실행력에 박수를 보낸다.

'저작권 이슈'라는 위험성

생성형 AI는 마케터에게 전에 없던 가능성을 열어주었다. 그저 간단히 텍스트 몇 줄만 입력하면 완성도 높은 이미지가 생성되기도 한다. 우리 매장에서 활용할 수 있는 음악을 만들어주기도 하고, 아예 영상을 만들어내기도 한다. 그럼에도 불구하고 이 기술은 저작권 이슈에서 자유롭지 못한 경우가 많다. 기업은 생성형 AI로 이미지를 만들었을 뿐인데 누군가의 디자인을 훔쳤다는 혐의를 받고 소송에 휘말릴 수도 있다.

따라서 마케터가 생성형 AI를 활용할 때는 반드시 저작권 이슈를 고려해야 한다. 한국관광공사와 같이 아예 AI의 학습 단계에서부터 관여해 저작권 이슈를 원천 차단하는 것도 방법이다. 어도비처럼 저작권 문제로부터 자유로운 생성형 AI를 선택적으로 활용할 수도 있다. 저작물에 인간의 창의성을 더해 완전히 새로운 작품으로 탄생시키거나, 누구의 화풍이라고도 볼 수 없는 일반적 생성물이나 자연 형태를 모방한 생성물을 이용할 수도 있다. 그 외에도 창의적인 방법을 통해 저작권 이슈를 피해 갈 수 있는 방법은 여전히 열려 있다고 본다.

생성형 AI는 무척이나 매력적인 무기임에 틀림없다. 하지만 그 위험성을 알고 조심히 다뤄야 효과가 극대화될 수 있는 무기다. 지금 우리가 AI에 대해 더 많이 알고 공부해야 하는 이유다.

마케터를 위한 팁

- 생성형 AI를 활용할 때는 저작권 문제를 반드시 고려해야 한다.
- 한국관광공사는 사후 70년이 넘은 화가들의 작품을 활용해 분쟁을 원천 차단하고자 했다.
- 저작권 이슈 없는 툴(예: 파이어플라이)을 사용하는 등 리스크 타개 방안을 충분히 고려해야 한다.

AI가 무너트리는 편견

광고를 기획하고 만드는 일을 직업으로 하다 보면, 종종 광고 모델로 등장하는 연예인을 보게 된다. 처음엔 TV에서나 보던 유명인을 직접 보니 신기하기도 하고, 이게 바로 업계 포상인가 싶기도 했다. 그러다 결국엔 현실의 벽에 쾅! 하고 부딪히게 되지만 말이다.

"다음 주는요? 그다음 주는요? 아니, 그다음은 월드 투어라면서요?!"

이런 대화를 주고받으며 어렵사리 스케줄을 조정하다 보면, 다른 일정들이 줄줄이 틀어져버린다. 이 시대에 가장 유명한 사람이라면 이 시대에 가장 바쁜 사람이라는 뜻이기도 하다. 하지만 그렇다고 해서 무작정 미룰 수는 없다. 상품 출시 시점에 맞춰 프로모션, 검색광고, 배너광고, 보도자료 등 사내의 많은 사람들이 힘을 합쳐 마케팅을 준비하고 있는데 광고만 미룰 수 없는 건 당연한 일이다. 그렇게 여기저기 사정하며 속을 태우다 보면 문득 '내가 지금 뭐 하고 있는 건가' 싶다. 소위 '현타'가 온다.

항간에는 모델과 진짜 닮은 사람을 섭외해서 후반 작업 때 얼굴을 조금 만지면(CG로 편집하면) 쥐도 새도 모른다는 말이 떠돌기도 한다. 업계 괴담 같은 말이지만, 한국 광고계의 후반 작업 기술은 가히 세계 최고급이다. 그래서 곽범을 정우성으로 만들어준다 해도 '가능하지 않을까?'라는 못된 생각이 들기도 한다. 그래도 그건 고객을 기만하는 짓이니 해서는 안 될 일이다.

그런데 요즘엔 이런 상상이 그저 허무맹랑한 이야기로 끝나지 않는 듯하다. AI 기술 덕분에 광고 모델이 직접 현장에 등장하지 않아도 그의 얼굴을 재현해낼 수 있기 때문이다. 바로 '딥페이크deepfake°' 기술 덕분이다. 물론 최근에 딥페이크 기술이 언급되는 건 주로 부정적인 기사에서다. 지인의 얼굴을 음란물에 합성하는 등 상상할 수도 없는 범죄 영상이 유포되기도 한다. 누구나 범죄의 표적이 될 수 있고 가짜 뉴스의 소재가 될 수 있다는 점에서 많은 이들이 불안해하고 분노할 수밖에 없다. 딥페이크

° 딥 러닝(deep learning)과 가짜(fake)의 합성어로, 인공지능을 활용해 실제와 거의 구분하기 어려운 가짜 이미지, 동영상, 음성 등을 생성하는 기술을 의미한다. 이 기술을 통해 특정 인물의 얼굴, 목소리, 행동을 합성하여 새로운 콘텐츠를 만들어낼 수 있다. 이는 단순한 영상 합성 기술을 넘어 미디어, 엔터테인먼트, 마케팅, 교육 등 다양한 분야에서 혁신을 이끌고 있다. 그러나 허위 정보 확산, 사생활 침해 등 부작용도 크기 때문에, 이를 탐지하고 규제하는 기술과 법적 규제 방안이 반드시 필요하다.

기술을 그런 식으로 활용하는 건 명백한 범죄이며, 강력한 제도적 제한 장치가 마련되어야 한다.

하지만 그것과는 별개로, 이런 사건들은 딥페이크 기술이 고등학생도 이용할 수 있는 쉽고 편한 기술이 되어가고 있다는 사실을 보여준다. 그리고 이렇게 진보한 기술이 오랜 시간 고착화돼 왔던 업계의 제작 환경을 크게 바꿀 수 있음을 시사한다. 그동안에는 광고 한 편을 제작하기 위해 수십 명의 스태프가 수많은 시간과 노력을 쏟아부어야 했다. 그리고 그건 곧 많은 비용을 들여야 한다는 의미였다. 그러나 AI 기술은 이 모든 걸 원점에서 다시 볼 수 있는 기회를 열어주고 있다. 모델이 현장에 없어도 마치 있는 것처럼 재현해낼 수 있고, 단순히 재현하는 것을 넘어 완전히 새로운 상상 속 캐릭터로 표현해낼 수도 있기 때문이다.

사실 이와 같은 영상을 만드는 데는 대단한 노하우가 필요하지 않으며, 지금 당장 실행해볼 수 있다. 동영상 제작 AI로 잘

사람의 얼굴을 다른 얼굴로 합성하는
Runway Act-One (출처: 런웨이 홈페이지)

https://runwayml.com/research/introducing-act-one

알려져 있는 런웨이가 얼마 전에 소개한 'Act-One' 기능이 대표적이다. 이 기능은 사람의 얼굴을 다른 얼굴로 합성하는 것을 도와준다. 단순히 다른 사람의 얼굴로 바꾸는 것뿐만 아니라 캐릭터에도 합성할 수 있다. 어떤 종류의 캐릭터냐에 따라서 아직 완성도의 차이는 있어 보인다. 하지만 과거에는 CG 전문가를 섭외해 많은 시간과 비용을 들여야 가능했던 일들이 이토록 간편해졌다는 점이 중요하다. 그야말로 기술이 만든 혁명적 변화 아닐까.

기술이 진보하며 이렇게 문턱이 낮아지고 있는데, 마케터가 가만히 앉아 신기해하고 있을 수만은 없다. 제작 환경이 극적으로 변한다는 말은 곧 다양한 시도를 할 수 있고 많은 기회가 열려 있다는 말이기도 하다. 무엇보다 잘만 하면 고객의 관심을 끌 수 있다는 의미이기도 하다. 그러니 마케팅 좀 한다는 브랜드라면 이제 정말 참을 수 없다. 지금부터는 딥페이크 기술을 직접 적용하고 결과물을 만들어낸 브랜드의 이야기를 해보려 한다.

오렌지의 여자 축구 캠페인

프랑스의 통신사 오렌지가 제작한 피파FIFA 여자월드컵 캠페인을 소개하고 싶다. 세계 3대 광고제인 클리오 어워즈에서 2023년 올해의 광고로 선정되더니, 2024년 칸 라이언즈에서는 필름 부문 그랑프리를 달성한 사례다. 대체 무엇이 이 캠페인을 그렇게 돋보이게 했을까. AI 기술을 활용한 혁신도 좋았지만, 우리 사회의 선입견과 고정관념을 무너트리려는 시도가 더 좋은 캠페인이었다.

영상의 시작은 축구 경기장이다. 먼저 남성 선수들의 화려한 플레이가 이어진다. 현란한 발재간으로 상대를 제치고, 격렬한 몸싸움도 마다하지 않는다. 결정적 순간엔 강력한 중거리 슛으로 골망을 흔드는 선수도 보인다. 축구를 상상할 때 가장 먼저 떠올릴 수 있는 짜릿한 장면들이다.

그러나 이 영상엔 깜짝 놀랄 반전이 숨어 있다. 사실 방금 전

오렌지가 제작한 피파 여자월드컵 캠페인

https://www.youtube.com/watch?v=D_HPiaAx_QA

의 플레이는 남성 선수가 아닌 여성 선수의 플레이였던 것이다. 딥페이크 기술을 통해 남성 선수의 모습으로 합성했을 뿐이다. 빠른 발재간이나 격렬한 몸싸움, 강력한 중거리 슛까지, 모두 여성 선수가 플레이한 장면이었다는 게 놀랍다. 놀라운 이유는 여자 축구는 재미없다는 선입견이 존재하기 때문이다. 여자 축구가 왜 재미없냐고 물으면 플레이가 느리고 박진감이 떨어진다고 대답하는 사람이 많다. 하지만 이번 캠페인은 그런 선입견을 확실히 반전시키는 역할을 했다. 일종의 블라인드 테스트처럼 플레이만 보면 이렇게 재미있다는 사실을 직접 느끼게 해준 것이다.

광고계에는 이런 말이 있다. "좋은 광고는 설득하지만, 위대한 광고는 깨닫게 한다." 이 캠페인이 주목받은 이유는 단순히 AI 기술의 완성도나 창의적인 발상 때문만은 아니다. 우리 사회에 뿌리 깊게 박혀 있는 성별 고정관념을 정면으로 바라보게 만들었기 때문이다. 글로 읽는 것도 좋지만 꼭 한 번은 영상을 직접 시청하길 강력히 추천한다. 딥페이크의 반전 재미는 영상을 직접 볼 때 극대화된다.

캐드버리가 만들어낸 마케팅 템플릿

딥페이크를 활용한 또 다른 사례로 영국의 제과 회사 캐드버리가 인도에서 진행한 캠페인이 있다. 이 캠페인에서는 머신러

닝 기반의 AI 기술을 활용해 인도의 유명 배우 샤루크 칸의 얼굴
과 목소리를 학습시켜 이른바 디지털 아바타를 만들어냈다. 코로
나19 때문에 가게 운영이 어려워진 소상공인들을 돕기 위해 캐
드버리가 '마케팅 템플릿'을 만든 것이다.

소상공인이 가게가 위치한 지역과 제품 카테고리, 가게 이름
을 입력하면 샤루크 칸이 등장해 가게를 홍보해주는 영상이 만
들어진다. 소상공인은 해당 영상을 활용해 SNS 광고를 하거나
문자 광고를 보낼 수도 있다. 우리나라에 적용해보자면, 내가 운
영하는 골목 식당에 유재석이 등장해 가게 홍보를 해주는 격이

 캐드버리가 인도에서 진행한 캠페인

https://www.youtube.com/watch?v=US_1qLyOmUc

랄까. 막대한 광고비를 지불할 수 없는 소상공인들에게는 희소식임에 틀림없다.

이러한 템플릿을 활용해 13만 개 이상의 광고가 만들어졌다. 그렇게 만들어진 영상의 조회수를 합하면 총 3,000만 뷰가 넘는다. 영상을 활용한 가게들은 평균 35퍼센트의 성장을 이루어냈다. 효과만큼이나 그 의도가 좋았던 캠페인이 아니었을까. 이 캠페인 역시 칸 라이언즈의 크리에이티브 이펙티브니스 부문에서 그랑프리를 수상했다.

배우의 역할은 어디까지

그런데 사실 이처럼 좋은 일만 있는 것은 아니다. 딥페이크 기술이 발전할수록 배우가 직접 등장해 연기할 기회는 줄어들 수 있기 때문이다. 실제로 디즈니의 경우 AI 전문가를 대거 채용하는 등 AI 분야에 적극 투자하고 있다. 이에 따라 영화나 애니메이션뿐만 아니라 테마파크에서도 사람의 연기 대신 AI가 만들어 낸 캐릭터를 만날 가능성이 점점 높아질 것이다. 디즈니는 이를 통해 장기적인 캐릭터 관리와 콘텐츠 생산을 더 효율적으로 할 수 있겠지만, 배우들 사이에서는 AI가 그들의 일자리를 위협할 수 있다는 우려가 커질 수밖에 없다.[26]

결국 2023년에는 미국 작가조합WGA과 배우·방송인 노동

조합SAG-AFTRA이 동시에 파업에 돌입했다. 두 조합의 동시 파업은 무려 63년 만에 일어난 이례적인 일이라고 한다. 그만큼 지금의 상황이 절박하다는 방증 아닐까. 그들은 직업적 위상이 실추될 우려와 일자리가 없어질지 모른다는 불안을 안고 거리로 나왔다. 배우들은 자신의 얼굴과 목소리가 AI에게 자리를 빼앗길까 봐, 작가들은 AI가 각본을 집필하게 될까 봐 염려하는 것이다.

그리고 솔직하게 말하자면 그들의 우려는 일리가 있다. AI는 광고뿐만 아니라 콘텐츠 산업 전반에 걸쳐 근본적인 변화를 만들고 있기 때문이다. 이제는 영화나 드라마의 제작 과정에서 '디지털 더블'°이라 불리는 기술을 통해 배우 없이도 캐릭터를 스크린에 재현해낼 수 있다. 또한 AI는 시나리오의 초안 작성부터 복잡한 CG 작업 같은 다양한 영역에서 활약하고 있다.

그럼 사람들이 AI에 완전히 밀려나는 시대가 곧 올까? 그건 알 수 없다. 지금은 그야말로 과도기로 보인다. 기술이 너무 빠르게 발전하고 있으며 우리가 어떻게 그 속도를 따라잡고 적절한 윤리적, 사회적 기준을 설정하는지가 중요해지는 시기로 보인다.

○ 디지털 더블은 실제 존재하는 사람을 3D 스캔 또는 3D 모델링으로 제작한 것을 의미한다. 이는 모션캡처 데이터를 반영해 실제 사람과 유사한 움직임을 구현할 수 있다. 특히 VFX 기술과 결합해 대역 배우의 역할을 수행할 수도 있다.(출처: 서영호 등, "디지털 휴먼의 현재와 미래", 방송과 미디어 제26권 4호, 2021. https://www.kibme.org/resources/journal/20220617111456714.pdf)

어디까지가 배우의 역할이고, 또 어디까지 배우의 모습을 대체하면 좋을지 고민해봐야 할 시점이라고 생각된다. 이는 단지 엔터테인먼트 산업뿐만 아니라 AI와 연관된 모든 분야에 해당하는 문제이기도 하다.

변화의 흐름 읽기

지금까지 딥페이크를 활용한 브랜드 사례를 살펴봤다. 오렌지의 여자 축구 캠페인은 우리 사회의 선입견을 무너트리려는 시도였다. 캐드버리의 경우 영세한 소상공인을 위한 솔루션을 제공했다. 하지만 할리우드에서는 배우조합 파업이라는 예상치 못한 문제가 발생하기도 했다. 딥페이크 기술이 발전하면서 누군가는 성과를 만들기도 하고 또 누군가는 예상치 못한 시련에 봉착하기도 한 것이다.

마케터로서 우리가 이러한 일련의 사태를 바라보며 해야 할 일은 바로 변화의 흐름을 읽는 것이다. 그리고 그 안에서 기회를 포착하는 게 핵심이다. 우리는 변화에 저항하는 대신 그 흐름을 우리 편으로 만들어야 한다. AI로 그 누구의 얼굴도 만들어낼 수 있게 되었다고 하자. 그럼 우리는 과연 누구의 얼굴을 만들어야 하는 걸까. 그리고 그 얼굴로 무엇을 해야 할까. 그건 우리 브랜드에 어떤 의미를 가질까. 이에 대한 답을 찾는 것이 바로 우리의

몫이다. 이 글을 통해 고민할 수 있는 '사람'만의 특권을 누려보
는 건 어떨까.

마케터를 위한 팁

- 오렌지는 딥페이크 기술로 여자 축구에 대한 선입견을 무너트렸다.
- 딥페이크 기술은 배우나 모델의 역할에 대한 재정의를 고민하게 만들었다.
- 브랜드는 이 기술을 어떻게 활용할 것인가? 어떤 페르소나를 만들고 또 그것을 통해 무엇을 할 수 있을까?

AI야, 나는 누구니?

D 씨는 오늘 하루가 유난히 힘겹다. 밀린 일이 산더미인데, 상사의 말도 안 되는 소리를 들어주고 있으려니 귀에 피가 나는가 싶다. 거울을 보니 다행히 그 정도는 아니다. 아이스 카페라테 한 잔 시원하게 마시면 기분이 좋아질 것 같아 평소에 자주 가던 카페로 들어서니 긴장이 좀 풀린다. 그럼 이제 주문해볼까. 그런데 막 주문을 하려는 찰나! 아무 말도 하지 않았는데 바리스타가 미소를 지으며 라테 한 잔을 건넨다. "이거 한 잔 드시겠어요?" 아니 어떻게 이걸…? D 씨는 생각했다. 이거, 라테 플러팅인가.

좀 더 상상해보자. 바리스타가 실제 사람이 아니라 AI라면 어떨까. 마치 손님의 생각을 읽고 있는 것처럼 행동한다면? 손님의 취향과 선호를 훤히 알고 있는 AI라면 충분히 가능하다. 이 AI는 카페인이 필요한 시점에 커피를 권하고, 분위기에 맞춰 음악을 추천하며, 일정 관리에 자산 관리까지 척척 해줄 수 있다.

이런 상상이 허무맹랑하다고 생각하는 사람도 있을 것이다. 하지만 AI는 이미 우리 일상으로 가까이 들어와 있다. 잊고 있던 생활용품의 구매 주기가 돌아오면 알려주며, 내 취향에 맞는 콘텐츠를 추천해준다. 평소보다 이번 달 지출이 더 많다는 걸 알려주며, 소비 패턴에 맞는 신용카드를 소개해주기도 한다. 그렇게 나의 생각을 훤히 꿰뚫고 있는 것처럼 행동한다. 이 모든 건 어떻게 가능해진 걸까. 그리고 우리의 비즈니스에는 어떻게 활용할 수 있을까? 어렴풋이 알고 있었다면 이 글에서 좀 더 자세히 알아보자.

나는 누구일까

앞서 말한 일들이 가능해진 건 AI가 우리의 활동을 눈여겨보고 있기 때문이다. 쉽게 말해 온라인상에서 하는 우리의 행동과 선택을 AI가 기록하고 분석하고 있기 때문이다. 그러다 보니 AI는 우리의 취향도 알고 있고 우리가 무엇에 반응하지는도 자연스럽게 알게 된다. 심지어 어쩔 때는 나보다도 나를 더 잘 아는 것 같다.

그렇다면 과연 AI가 나를 어떻게 분류하고 있는지 직접 확인해보면 어떨까. '그게 가능해?'라고 생각한다면, 지금 확인해보자. 다음 페이지의 이미지를 순서대로 차근차근 따라가보면 구글이

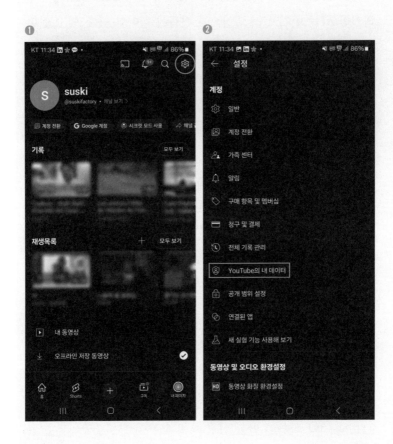

'나'를 어떻게 분류해놓았는지 직접 확인이 가능하다. 폰을 들고 지금 따라 해보자.

분류 결과를 들여다보면 나에 대한 다양한 정보가 나온다.

유튜브 앱 → 우하단 프로필 → 우상단 설정(톱니바퀴) 아이콘 클릭 →
Youtube의 내 데이터 → 개인 맞춤 광고 → 개인 맞춤 광고

이 순서대로 따라가보면, 유튜브가 분류한 내 모습을 확인할 수 있다.

연령, 성별, 소득 수준, 자녀 유무, 부동산 소유 등이 그것이다. 그
러니까 내가 현재 기혼자인지 미혼자인지, 기혼자라면 자녀가 있
는지, 또 자녀가 있다면 몇 세 정도 되는지 거침없이 보여준다.

어떤가? 나에 대한 정보가 상당수 일치하고 있나?

나는 이런 정보를 입력한 적이 없다며 놀라는 분도 있을 것이다. 당연히 내 소득이 얼마인지, 결혼 여부와 부동산 보유 여부에 대해 정보를 입력한 적은 없을 것이다. 그저 AI가 여러분의 온라인 행동 패턴을 분석해 추론한 결과물일 뿐이다. 물론 추론이라는 건 가정을 전제로 하기에 100퍼센트 정확할 수는 없다. 하지만 많은 이들이 사실과 상당수 일치하는 것을 보고 놀라곤 한다. 지인들에게 직접 확인해보게 하면 재미있는 일이 많이 일어나는데, 분명 연애 중이 아니라는 친구가 '연애 중'이라는 상태가 뜨기도 하고, 자녀가 없는 친구가 자녀가 있는 것으로 뜨기도 한다. 그러다 보니 "미국에서 썸은 곧 연애다"라는 주장이 나오기도 하고, 갑자기 "숨겨둔 자식이 있는 거 아냐?"라는 농도 짙은 농담이 오가기도 한다. 심지어 다급하게 이런 질문을 하는 사람도 있다. "이거! 지금 어떻게 없앨 수 있어?"

구글은 기본적으로 로그인 기반으로 고객 데이터를 수집하고 분류한다. 따라서 사용자가 로그아웃을 하면 계정을 통한 데이터 수집은 제한받게 된다. 물론 이때도 쿠키나 애드 ID(단말 고유 번호와 매핑된 모바일 활동 기록 식별자)를 기반으로 한 고객 분류는 계속된다. 따라서 로그아웃 대신 로그인 상태에서 데이터 제공 동의를 거부하는 방식으로 추적을 피할 수도 있다.[27] 이 경우 맞춤형 광고는 더 이상 나타나지 않지만 기본적인 광고는 계속 노출된다.

그런데 여기서 중요한 건 어떻게 내 개인정보 추적을 차단하느냐가 아니다. 데이터를 수집하고 분석하는 방식을 이해하고, 그 결과를 어떻게 마케팅에 적용할지 아는 것이 중요하다. 온라인에서 고객의 행동 패턴을 분석하고 이를 마케팅에 접목할 수 있는 다양한 툴은 이미 존재한다. 하지만 이 글에서는 그중에서도 우리와 가장 밀접하고 방대한 데이터를 다루는 플랫폼인 구글에 초점을 맞춰 그 원리를 살펴보고자 한다. AI는 어떤 원리를 통해 나를 분류하는 것일까.

AI는 우리를 어떻게 알까?

우선, 고객의 데이터를 확보하는 방식에는 크게 세 가지가 있다. 첫 번째 데이터는 사용자가 스스로 입력하는 개인정보다. 예를 들어 계정을 만들 때 우리는 이름, 생년월일, 성별, 전화번호 등을 입력한다. 이러한 정보는 사용자의 연령대나 기본적인 인구 통계적 특성을 파악하는 데 활용된다.

두 번째 데이터 소스는 바로 유저의 온라인 활동 데이터를 추적하는 것이다. 검색창에 입력한 키워드, 웹사이트 방문 기록, 사용 시간, 쇼핑 장바구니 이용, 동영상 시청 패턴, 광고 상호작용 정보 등이 포함된다. 예컨대 유튜브 시청 이력을 통해 유저가 어떤 주제의 영상을 얼마나 자주, 또 얼마나 오래 시청하는지를 분석할 수 있다. 또한 유저가 광고를 클릭하거나 무시한 기록 역시 하나의 데이터가 된다.

세 번째 데이터 수집 방법은 사용자의 상황과 환경 정보를 활용하는 것이다. 사용자의 기기 환경, 시간대, 언어 설정, 위치 정보 등 다양한 부가 정보 또한 중요한 데이터다. 이를 활용하면 더욱 정교한 맞춤형 서비스가 가능해진다. 이를테면 모바일 기기의 실시간 위치 정보는 장소 맞춤형 서비스의 기반이 된다.[28]

이렇게 수집된 방대한 데이터는 AI를 통해 분석된다. 그리고 사용자의 관심사와 취향을 정교하게 파악하는 데 활용된다. 구글이 이토록 세밀한 데이터 수집과 분석에 집중하는 이유는 분명하다. 바로 고객이 진정으로 원하는 것이 무엇인지 정확히 이해하기 위해서다. 그리고 이러한 이해는 비즈니스의 확장을 가능하게 한다. 마케터의 관점에서 보자면 잠재고객을 찾아 맞춤형 마케팅을 할 수 있게 된다. 예컨대 영화광에게 넷플릭스 프로모션을 할 수 있고, 고양이 애호가에게 츄르 광고를 할 수 있는 식이다.

더욱 주목할 점은 현대 소비자의 특징이 다면적이고 유동적이라는 점이다. 같은 사람이라도 시간과 상황에 따라 전혀 다른 소비 패턴을 보인다. 럭셔리 브랜드를 즐기는 고객이 때론 다이소와 유니클로를 찾는 것처럼 말이다. 이처럼 맥락에 따라 끊임없이 변화하는 소비자의 선호를 정확히 포착하는 것이 고객 분석의 핵심 경쟁력이며, 이것이 바로 플랫폼 기업들이 데이터와

AI 기술 개발에 막대한 투자를 하는 이유다. 이러한 데이터 기반의 고객 분류는 마케팅 전략 수립의 기초가 되며, 특히 잠재고객을 대상으로 한 맞춤형 광고 집행을 가능하게 한다.

그리고 분류된 고객 정보에 따라 우리 브랜드의 잠재고객을 찾아낼 수 있다. 플랫폼을 잘만 활용하면 그동안 보이지 않던 고객을 귀신같이 찾아내 절묘한 타이밍에 우리 메시지를 전할 수 있는 것이다. 우리가 러닝화를 판매하는 브랜드라면, 기능에 집중하는 고객과 패션이나 가격 합리성에 집중하는 고객을 구별해 마케팅을 진행할 수도 있다. 그리고 그들 중 반응한 고객들을 따로 분류해 그들에게 다시 한번 마케팅을 하는 것도 가능하다.

성과를 만드는 이들은 뭐가 다를까

실제로 이런 환경을 십분 활용해 맞춤형 광고를 진행하고 있는 기업들이 많다. 하나의 상품도 고객의 취향과 선호에 따라 각기 다른 부분을 강조해 소구하는 것이다. 대표적인 것이 벤츠의 사례다. 벤츠는 고객 취향별로 각기 다른 카피 21개를 전달하는 타깃 맞춤형 광고를 제작했다. 예를 들어 반려견을 키우는 고객에게는 "반려견이 더 편안해지는 공간"이라는 메시지를 전하고, 골프를 좋아하는 고객에게는 "파트너의 골프백까지 여유롭게"라는 메시지를 전한다. 실용성을 중요시하는 고객에게는 "실

용성을 생각할 당신을 위해"라는 메시지를, 브랜드 자체의 차별
성을 중요하게 생각하는 이들에게는 "클래스의 차이를 만드는
디테일"이라는 메시지를 전한다.

　　고객 구매 여정별로 다른 광고를 제작해 캠페인을 진행한
사례도 있다. 고객이 어떤 상황에 있느냐에 따라 그에 맞는 광고
를 도달시킨 것이다. 뷰티 브랜드 포렌코즈의 사례다. 포렌코즈
는 제품을 잘 모르는 고객에게는 문제 상황을 공감도 높게 보여
주고 그에 대한 해결책으로 제품을 소개하는 영상을 노출했다.
구매를 고려 중인 고객을 대상으로는 제품의 강점을 소개하는
광고를 노출했다. 마지막으로 구매를 앞두고 있는 고객에게는 프
로모션 오퍼를 제공하는 광고를 노출했다. 고객 구매 여정에 맞
춰 각기 다른 메시지를 전한 것이다. 포렌코즈는 이러한 캠페인
을 통해 구매 전환율이 약 33퍼센트 증가했다고 한다.[29]

　　이런 성과는 비단 한두 개 브랜드만의 것이 아니다. 맞춤형
광고의 성과가 실증적 데이터로 나타나고 있기 때문이다. 구글에
서는 수천 개의 F&B 브랜드 캠페인을 분석한 결과, 관심사 기반
의 타기팅을 했을 때 단순히 데모 타기팅을 한 것보다 광고 상기
도는 1.2배, 인지도는 1.5배 높다는 결과[30]를 공개했다.

　　이러한 결과가 우리에게 시사하는 바는 분명하다. 우선 잠재
고객의 관심사를 집요하게 파고들라는 것이다. 그리고 그러한 관
심사를 저격할 수 있는 취향 맞춤형 광고를 만들라는 것이다. 누
구나 자신이 관심 있어 하고 좋아하는 분야의 이야기가 나오면

더 주의 깊게 듣는다. 이런 맥락 가운데 전달되는 광고는 더 이상 귀찮고 성가신 소음이 아닐 거라고 생각한다.

AI로 고객 취향 찾기

지금까지 온라인상에서 이루어지고 있는 사용자 분류에 대해 이야기했다. 그리고 마케팅 관점에서 그런 분류를 어떻게 활용할 것인지에 대해 살펴봤다. 비즈니스를 확장하고 싶어 하는 우리들이 해야 할 일은 분명해 보인다. 한 편의 광고를 만들더라도 고객의 취향을 저격할 수 있는 광고를 만들어야 하는 것이다. 이제 데이터는 우리 주변에 충분히 있다. 과연 그 데이터를 어떻게 활용할 것인지, 또 그 활용을 통해 어떤 성과를 이끌어낼 것인지는 온전히 우리에게 달려 있는 것 아닐까. 기회를 찾는 이에게 AI는 무기가 될 수 있다.

마케터를 위한 팁

- 우리가 온라인에서 하는 모든 활동은 흔적을 남긴다.
- AI는 그러한 활동을 추적하고 분석해 고객의 취향과 선택을 예측할 수 있다.
- 이를 적극 활용하자. 우리의 잠재고객을 찾아 비즈니스 확장의 기회를 잡자.

AI도
웃을 수 있을까

7장

AI가 말아주는 유머 한 스푼

챗GPT가 처음 등장했을 때는 조금 어설픈 부분이 있었다. 사실과 다른 내용도 그럴싸하게 말해주는 할루시네이션 때문이었다. 우리나라에서는 소위 '세종대왕 맥북 던짐 사건'으로 유명한 일화도 있는데, 간단히 소개하자면 이렇다. 초기의 챗GPT에게 "세종대왕이 맥북을 던진 사건에 대해 이야기해줘"라고 하면 아래와 같이 차분하게 답을 해줬다.

"조선왕조실록에 기록된 일화로, 15세기 조선시대 세종대왕이 새로 개발한 훈민정음(한글)의 초고를 작성하던 중, 문서 작성 중단에 대한 담당자에게 분노하여 맥북 프로와 함께 그를 방으로 던진 사건입니다.(하략)"

물론, 지금의 챗GPT-4o는 위와 같은 답을 하지는 않는다.

하지만 위의 내용을 처음 봤을 때는 너무 그럴듯해서 순간 '이게 뭐지?'라는 생각이 들 수밖에 없었다. 짧은 농담으로 치부하기엔 사건에 대한 설명이 너무 구체적이었다. 그리고 세종대왕의 분노 포인트가 충분히 개연성이 있었다. 그렇지만 이건 당연히 거짓말이다. 15세기를 살았던 세종대왕과 2000년대에 등장한 맥북 프로가 동시대에 존재할 수는 없으니까. 거짓말을 이렇게 정성스럽게 할 필요는 없다. 하지만 이런 오답이 재미를 주기도 한다. 한동안 이 답변이 온라인 커뮤니티에서 밈처럼 돌았던 이유다.

이처럼 초기 챗GPT의 불완전한 모습을 보며, 나를 비롯한 많은 마케터는 생각했다. "재미있긴 한데, 아직 마케팅 현업에 쓰

조선왕조실록에 기록 된 세종대왕의 맥북프로 던짐 사건에 대해 알려줘

세종대왕의 맥북프로 던짐 사건은 역사서적인 조선왕조실록에 기록된 일화로, 15세기 조선시대 세종대왕이 새로 개발한 훈민정음(한글)의 초고를 작성하던 중, 문서 작성 중단에 대한 담당자에게 분노하여 맥북프로와 함께 그를 방으로 던진 사건입니다.

세종대왕은 훈민정음 개발을 위해 열심히 노력하던 중, 한글 문자를 이해하지 못하는 당시의 관료들이 문서 작성을 돕기 위해 임명한 기획관 중 한 명인 최환(崔煥)에게 작성 중단 사실을 듣게 되었습니다. 세종대왕은 이에 분노하여 최환을 부르고, 맥북프로를 함께 들고 그를 방으로 불러들이며 화를 내었습니다. 이후, 세종대왕은 훈민정음의 초고 작성을 다른 담당자에게 넘겨주게 되었습니다.

이 사건은 조선시대의 통치자로서 세종대왕이 어떻게 민족문화를 발전시키기 위해 노력했는지를 보여주는 일화로 유명합니다. 또한, 세종대왕의 열정과 업무처리에 대한 철저한 태도를 보여주는 사례로도 언급되고 있습니다.

초기 챗GPT의 대답. 지금의 챗GPT-4o는 이런 대답을 하지 않는다.

긴 좀 이르네." 한마디로 시기상조였다. 그래서 좀 더 발전된 모델을 기다리며 다음을 기약했다. 하지만 그게 얼마나 나태한 의견이었는지 알기까지 그리 오랜 시간이 필요하지 않았다.

실제로 오픈AI는 사람의 피드백을 통한 강화학습이나 검색 증강 생성 등을 통해 할루시네이션을 상당히 빠른 속도로 보정해 나가고 있다. 이러한 변화는 불과 1~2년 만에 우리가 직접 체감할 수 있을 정도다. 요즘 챗GPT에게 '세종대왕 맥북 던짐 사건'을 물어보면 "실제 역사적 사건이 아니라 한국의 인터넷 문화에서 탄생한 유머와 패러디"라고 답한다. 상상으로 만들어진 이야기라는 말이다. 나는 챗GPT가 '유머'라고 표현한 것이 놀라워 추가 질문을 해봤다.

"그게 왜 유머라고 생각해?" 챗GPT가 유머를 어떻게 인지하고 있는지 알고 싶었다. 그러자 돌아온 답변이 놀라웠다. "이는 역사적 맥락에서 불가능한 일이며, 사람들이 현실적으로 일어날 수 없는 조합을 상상하며 웃음을 유발하는 인터넷 밈의 전형적인 특징"이라고 대답한다. 그리고 나서 유머의 이유에는 "의외성, 시대착오, 풍자와 재해석, 문화적 공감" 등이 있다는 설명을 덧붙인다. 상당히 정돈된 답변인데, 자세한 대화 내용이 궁금한 독자분들은 다음 스크린 캡처 내용을 살펴보자.

그런데 위의 답변은 엄밀히 말하자면 유머를 이해했다고 하긴 어렵다. 그저 유머에 대한 사전적 정의를 나열한 것일 수도 있기 때문이다. 하지만 오픈AI에서 2023년 3월 자사의 유튜브 채

조선시대 세종대왕의 맥북던짐 사건에 대해 알고 있어?

"세종대왕의 맥북던짐 사건"은 실제 역사적 사건이 아니라, 현대 인터넷 문화에서 탄생한 유머와 패러디에서 비롯된 이야기입니다. 이는 세종대왕이 한글을 창제할 당시의 통찰력과 혁신을 오늘날의 기술적 혁신에 빗대어 표현한 인터넷 밈으로, 가상의 상황을 상상하며 만들어진 재미있는 이야기입니다.

예를 들어, 세종대왕이 "맥북을 던지며 '이딴 걸로는 내 백성을 구할 수 없다!'라고 외쳤다"는 식의 표현은, 세종대왕이 백성을 위한 실용적이고 혁신적인 도구(한글)를 만들어냈다는 점을 강조하는 패러디입니다. 이는 한글 창제의 위대함을 현대적인 비유로 풀어낸 창작물일 뿐 실제 역사적 사실과는 무관합니다.

이러한 밈은 세종대왕의 업적에 대한 존경과 자부심을 유쾌하게 표현한 것으로 볼 수 있습니다. 😊

그게 왜 유머라고 생각해?

세종대왕과 "맥북" 같은 현대 기술의 조합은 역사적 맥락에서 불가능한 상황입니다. 이는 사람들이 현실적으로 일어날 수 없는 조합을 상상하며 웃음을 유발하는 인터넷 밈의 전형적인 특징입니다. 이러한 유형의 유머는 주로 아래와 같은 이유로 사람들에게 재미를 줍니다:

1. 의외성:
   세종대왕은 조선시대의 위대한 성군으로, 주로 한글 창제와 백성을 위한 정책으로 기억됩니다. 그런데 여기에 현대 기술인 "맥북"이 등장하면 예상 밖의 조합이 발생하며 웃음을 유발합니다.

2. 시대 착오:
   맥북은 현대의 첨단 기술을 상징하는 물건인데, 이를 조선시대에 끌어와 "던졌다"는 식의 이야기를 만들면 비현실적이고 엉뚱한 상황이 연출됩니다. 이러한 시대 착오적 유머는 종종 사람들에게 즐거움을 줍니다.

3. 풍자와 재해석:
   세종대왕이 "맥북을 던졌다"는 상황은 단순히 재미를 넘어서, 세종대왕이 백성을 위해 최선을 다했다는 이미지를 현대적으로 재해석한 것이기도 합니다. "백성을 위해 한글이라는 더 나은 도구를 만들었다"는 점을 강조하려는 의도로 보이죠.

4. 문화적 공감:
   현대인들은 기술 제품(예: 맥북)이 우리 삶에서 큰 영향을 미친다는 것을 잘 알고 있습니다. 이와 동시에 세종대왕의 업적이 얼마나 혁신적이었는지를 느끼며, 이 둘을 연결시킨 가상의 이야기에 공감하게 됩니다.

따라서 이런 이야기가 유머로 받아들여지는 것은 역사적 사실을 웃음으로 비틀어 보는 현대인의 방식이라고 볼 수 있습니다. 하지만 유머로 받아들이지 않고 다른 의미로 느껴질 수도 있으니, 각자의 해석에 따라 다르게 받아들일 수 있다는 점도 중요합니다! 😊

◁») ⬚ 👍 👎 ↻ ⌄

챗GPT에게 '세종대왕 맥북 던짐 사건'에 대해 물었다. 이제는 상당히 보정된 것으로 보인다.
(출처: GPT-4o)

널을 통해 공개한 자료를 보면 그렇게 단순하게 치부할 문제는 아니다. 오픈AI는 GPT-4의 온라인 시연을 통해 아래 이미지를 GPT에게 보여주었다. 그리고 물었다.

"이 이미지의 어떤 부분이 웃기지?"

그러자 GPT-4는 "보통 다람쥐는 호두를 먹지 사진을 찍지 않는데, 다람쥐가 마치 포토그래퍼가 된 것처럼 사람 흉내를 내는 부분이 재미있다"라고 답한다. 그뿐만이 아니다. 같은 달 공개한 기술 보고서(GPT-4 Technical Report)에는 좀 더 복잡한 이미지가 등장한다. 스마트폰에 VGA 단자가 연결돼 있는 이미지다 (135페이지 아래).

통상의 스마트폰이라면 VGA 단자와 결코 연결될 수 없다. VGA는 과거에 모니터나 TV에 연결하던 단자인데 스마트폰과 연결돼 있는 걸 보니 의아하다. 하지만 다른 사진을 자세히 보면 VGA 단자 모양으로 디자인된 아이폰 연결용 라이트닝 단자임

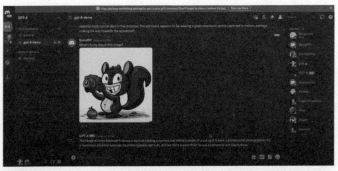

사진 찍는 다람쥐에 대한 GPT-4의 반응
(출처: GPT-4 Developer Livestream 영상(16:08))

https://www.youtube.com/live/outcGtbnMuQ?feature=share

을 알 수 있다. 일종의 위트 있는 소품인 것이다. 그런데 이 사진을 보고 "위트 있다"라고 말하려면 여러 단계를 거쳐 사고할 수 있어야 한다. 우선 각 사진들을 보고 이해할 수 있어야 한다. 그리고 사진들을 조합해 맥락에 맞지 않는다는 것을 추론할 수 있어야 한다. 마지막으로 맥락을 비틀어 재미를 주고 있다는 점까지 이해해야 한다. 사람이야 직관적으로 사고할 수 있는 문제이지만, 과연 AI는 이걸 이해할 수 있을까. 그래서 GPT에게 물었다.

"이 이미지가 웃긴 이유를 설명해줘."

그에 대한 대답은 생각했던 것 이상이다. 우선, 이미지가 각각 무엇을 보여주는지 설명한다. 그리고 "크고 오래된 VGA 커넥터를 최신 스마트폰에 연결하는 부조리absurdity로 유머를 만들어낸다"라고 설명한다. AI는 이제 여러 장의 사진을 연결하여 인지하고 맥락 속에서 유머를 이해하는 수준에까지 다다른 것 같다. 세종대왕 맥북 던짐 사건 때는 사람만 웃을 수 있는 상황이었

스마트폰에 VGA 단자가 연결되어 있는 이미지
(출처: GPT-4 Technical Report(2023.3))

다. AI의 실수 덕에 만들어진 웃음이었다. 그런데 이제는 사람과 AI가 같이 웃는 수준까지 진보하게 되었다. 그렇다면 이렇게 진보한 AI에게 유머를 부탁하면 어떻게 될까. GPT가 만들어낸 시니컬한 위트를 사용해 하나의 광고를 만든 브랜드도 있다.

챗GTP가 광고를 만든다면?

바로 민트 모바일의 이야기다. 민트 모바일은 CEO이자 영화 〈데드풀〉의 주연 배우인 라이언 레이놀즈가 자사 광고에 출연하는 것으로 유명하다. 단지 광고에 출연하는 것뿐만 아니라 스스로 망가지고 웃음거리가 되는 일을 서슴지 않는다. 코로나19가 한창일 때는 광고 촬영 대신 PPT로 광고를 만들었다며 진짜 어설픈 B급 병맛 PPT를 보여주기도 했다.

대체 이런 걸 왜 하지 싶다가도 일단 한번 보면 기억에서 지울 수 없을 정도의 차별성은 확실히 있어 보인다. 민트 모바일이 알뜰폰 사업자이기에 기존의 주류 통신사들과 확실히 다른 차별점을 보여주고 싶었던 것일까. 그게 아니라면, 어쩌면 라이언 레이놀즈의 자아실현 욕망도 조금 들어가 있는 것 같다. '내가 현실에서도 데드풀이 되어 만들고 싶은 거 맘대로 만들어볼까'라는 욕망 말이다. 그렇다면 과연 이번에는 어땠을까. 챗GPT를 처음 본 민트 모바일은 그것을 어떻게 활용했을까. 이번에도 한결같이

B급 유머의 광고를 만들어냈다.

　광고에 등장한 라이언 레이놀즈는 먼저 챗GPT에게 라이언 레이놀즈 스타일로 광고 내레이션을 써달라고 한다. 단, 농담joke과 욕설curse word을 넣고, 휴일 프로모션이 여전히 진행 중이라는 내용과 대형 통신사들은 이미 프로모션을 종료했다는 내용을 넣어달라고 한다. 과연 결과는 어땠을까?

챗GPT가 써준 대로 광고를 만든 라이언 레이놀즈

https://www.youtube.com/watch?v=_eHjifELI-k&t=1s

"무엇보다도 민트 모바일은 개똥입니다"로 시작한다. 그걸 무심하게 읽는 라이언 레이놀즈의 모습에서 피식 웃음이 나온다. 그가 읽는 내레이션을 계속 따라가다 보면, 어찌 됐든 처음 주문한 네 가지 조건을 하나씩 만족하게 된다. 아래와 같이 말이다.

> "안녕하세요. 라이언 레이놀즈입니다. 먼저, 민트 모바일은 개똥 같다는 말을 하고 싶네요. 하지만 더 중요한 건 다른 대형 통신사들의 연휴 프로모션은 모두 끝났지만 민트 모바일은 아직 끝나지 않았다는 겁니다. 우리는 계속 행사를 이어갈 겁니다. 우린 아주 멋지기 때문이죠. 민트 모바일을 한번 사용해보세요. 아! 그리고 추가 혜택이 있습니다. 지금 신청하신 분들은 고객 센터에 전화를 걸 때마다 제 목소리를 들을 수 있습니다. 농담입니다. 그건 실제 혜택이 아니죠. 모두 좋은 하루 보내세용~"

각 조건을 어떻게 만족시켜 나가는지 찾으며 보는 맛이 있다. 특별한 설정이나 대단한 후반 작업 없이 날것 그대로의 모습이지만, 그런대로 궁금한 부분이 있어 좀 더 보게 된다. 재미있는 볼거리가 넘쳐나는 세상에서, 다음 말이 궁금해지는 콘텐츠가 만들어졌다면 그걸로 나쁘지 않은 성공이었다고 본다.

유사한 사례를 한 가지 더 소개하고 싶다. 챗GPT가 직접 유머를 구사한 것은 아니지만, 챗GPT가 써준 시나리오를 그대로 따라 하다 보니 결과적으로 위트 있는 광고가 되어버린 사례다.

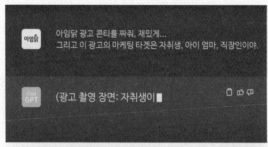

아임닭 광고 콘티를 짜줘, 재밌게...
그리고 이 광고의 마케팅 타겟은 자취생, 아이 엄마, 직장인이야.

(광고 촬영 장면: 자취생이

광고 촬영 장면: 자취생이 주방에서 요리를 한다.

자취생: (놀란 표정으로)
직장인님도 닭가슴살을 좋아하시는 건가요?

직장인: 내가 직접 먹어봤는데, 대박이었어.

챗GPT가 써준 시나리오로 만든 아임닭 광고

https://www.youtube.com/watch?v=hElbkQdhSjE

바로 국내의 닭가슴살 브랜드 '아임닭'이다. 아임닭 광고는 챗GPT가 써준 시나리오를 한 글자도 수정하지 않고 그대로 촬영한다는 콘셉트다. 그렇다 보니 자취생이 요리하는데 아이 엄마와 직장인이 '갑툭튀'로 등장하기도 한다. 대화체가 어색하기도 하고 제품이 등장하는 시점도 맥락이 없다. 사람이 기획했다면 절대로 통과되기 어려운 시나리오였겠지만, 시나리오대로 허둥대며 연기하는 모습이 오히려 웃음 포인트가 된다.

기회는 결국 실행하는 자의 몫

세상에 없던 혁신적인 기술이 처음 등장하면 사람들은 대체로 열광한다. 하지만 그 열광이 곧바로 대중적 성공으로 이어지는 것은 아니다. 새로운 기술은 먼저 혁신가들과 얼리 어답터들에 의해 실험되며, 그 가능성이 드러나는 동시에 불안정한 면도 함께 노출된다. 이 과정에서 기술은 캐즘chasm에 빠질 수도 있다. 즉, 대중적인 확산으로 넘어가기 전에 일종의 정체 구간을 겪는 것이다. 챗GPT 역시 초기에는 불완전한 할루시네이션 문제로 인해 의구심을 샀지만, 그럼에도 불구하고 이를 활용하는 브랜드들은 계속해서 등장했다.

여기서 마케터가 잊지 말아야 할 점은 사람들의 주목을 이끌어내는 것이 마케팅의 본질적인 역할이라는 점이다. 아무도 알아뵈주지 않는 마케팅은 존재하지 않는 것과 다름없다. 기술의 성숙도를 기다리기보다는, 오히려 기술의 현재 상태를 어떻게 활용할 것인가가 마케팅의 핵심 질문이 되어야 한다. 민트 모바일과 아임닭의 사례는 이를 잘 보여준다. 민트 모바일은 챗GPT의 유머 감각을 활용해 광고 스크립트를 그대로 읽는 실험적인 캠페인을 진행했고, 아임닭은 AI에게 시나리오를 맡겨 그대로 촬영하며 위트를 만들었다. 이들은 단순히 기술을 받아들이는 데서 끝나지 않고, 기술의 한계마저도 브랜드 콘텐츠의 일부로 녹여냈다.

결국 창의적인 마케팅은 기술의 완성도에 달려 있는 것이 아니라, 그 기술을 어떻게 기획하고 활용할 것인가에 달려 있는 것이 아닐까. AI는 여전히 진화 중이다. 하지만 그 진화의 속도를

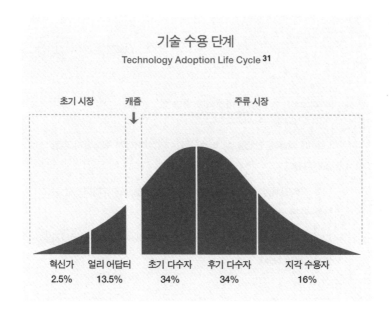

기술 수용 단계
Technology Adoption Life Cycle [31]

초기 시장　캐즘　주류 시장

혁신가
2.5%

얼리 어답터
13.5%

초기 다수자
34%

후기 다수자
34%

지각 수용자
16%

바라보며 망설이기보다, 지금 활용할 수 있는 방식부터 탐색하는 것이 마케터가 가져야 할 태도다. 기술은 언제나 발전하지만, 기회를 잡는 것은 결국 실행하는 자의 몫이다.

마케터를 위한 팁

- LLM이 처음 등장했을 때 마케터들은 이걸 어디에 활용할지 혼란스러워했다.
- 민트 모바일처럼 챗GPT를 간단하고 빠르게 활용해 유머러스한 광고를 만든 회사도 있다.
- 기술이 처음 등장하면 주저하지 말자. 기획력과 실행력이 버무려지면 성과가 나온다.

8장

이미지 생성 AI,
상상력의 끝은 어디인가

　여기, 원하는 이미지를 만들어주는 생성형 AI가 있다. 어떤 이미지라도 상관없다. 간단히 텍스트만 입력하면 된다. 자, 그럼 이 놀라운 도구를 가지고 무엇을 할까? 우리 브랜드를 알리기 위해서, 그리고 우리 상품을 알리기 위해서 말이다. 단순히 AI를 사용했다고 자랑하는 시기는 한참 지났다. 우리 상품을 감쪽같이 재현했다 한들 사람들의 눈길이나 끌 수 있을까. 실은 모든 마케터들이 비슷한 고민을 하며 AI를 바라보고 있다. 이런 상황에서 햄버거 브랜드 하디스Hardee's의 위트 넘치는 사례를 참고해보면 어떨까. 하디스는 생성형 AI 달리를 유쾌하게 사용해 광고를 만들었다.

　"(AI가 정말 핫해요.) 그래서 우리는 AI를 테스트해보기로 했어요."

　광고는 이런 말로 시작한다. 하디스가 테스트로 만들어볼 이미지는 바로, 하디스의 '슈퍼스타 버거'다. 테스트를 위해 하디스는 생성형 AI에 다음과 같은 프롬프트를 입력했다.

"하디스의 슈퍼스타 버거를 떠올려봐."

생성형 AI를 활용해 만든 하디스 광고의 시작 부분

AI가 만든 하디스의 슈퍼스타 버거 이미지

그러자 별 모양 장식이 박힌 햄버거 이미지가 등장한다. 아마도 '슈퍼스타'라는 수식어를 고려한 것 같다. "아냐!" 달리에게 그게 아니라는 피드백이 돌아갔다. AI는 다시 한번 또 다른 버거의 이미지를 생성해낸다. 이번에는 좀 더 화려해졌다.

"아냐!"

역시나 이게 아니라는 피드백이 돌아갔다. 그렇게 AI는 계속해서 자신이 상상한 슈퍼스타 버거의 모습을 만든다. 와플과 햄버거가 섞인 버거, 별 모양의 치즈를 토핑한 버거, 보라색 토핑이 버거 밖까지 튀어나온 버거 등 온갖 상상 속 버거가 등장한다.

"역시 아냐!" 완고한 하디스의 반응. 그래서 하디스는 아예 레시피를 읊어준다.

"100퍼센트 순쇠고기 숯불구이 패티 두 장, 녹인 아메리칸 치즈 두 장, 특제 소스, 마요네즈, 피클, 신선한 토마토, 양파, 아삭아삭한 양상추…."

그래서 이번에 달리가 만들어낸 결과는 어땠을까. 다음과 같이 수많은 버거가 만들어진다(146페이지 아래). 하디스는 이런 시도를 무려 1만 번이나 반복했다고 한다. 이런 반복된 작업에도 우리의 친구 AI는 지루해하거나 지친 기색 따윈 없다. 우리가 생성형 AI에 매력을 느끼는 이유이기도 하다. 다만 저걸 1만 번 클릭하고 앉아 있었을 마케터에게 마음이 쓰이는 건… 과몰입인가? 어쨌든 1만 번의 시도가 있었지만 진짜 슈퍼스타 버거와 일치하는 건 하나도 없었다!

"그래서 말인데, AI가 모든 걸 다 만들어낼 수 있는 건 아냐."

하디스가 진짜로 하고 싶었던 말은 이제야 등장한다. "그러니까 와서 직접 먹어봐." 우리가 만든 진짜 슈퍼스타 버거를 직접 와서 주문하라는 말이다. '이 말을 하고 싶어서 어그로 한번 끌어봤다'라는 걸 전하려는 것 같다. 조금 머쓱해지지만 그래도 피식 한번 웃게 된다. 이만하면 성공한 광고 아닐까. 팍팍한 세상에 피식 한번 웃고 제품에 대한 호기심이 생겼다면 말이다.

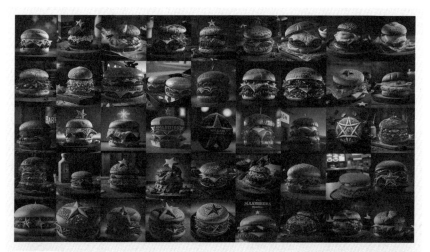

하디스의 슈퍼스타 버거 광고

https://www.youtube.com/watch?v=O2F0KsE9kJ4

웃음의 힘은 얼마나 강력할까

여기서 잠깐, '피식' 웃음이 나왔으니 광고계의 불멸 공식 '웃음'이 갖는 힘에 대해 짚고 넘어가보자. 일단 사람은 '웃는다'는 감정 변화 행위 자체로 그 순간을 기억하게 될 가능성이 높아진다. 실제로 광고에서 유머가 가진 효과에 대해 메타 연구를 진행한 보고서[32]가 있다. 여기 등장한 통합적인 정서 인지 모델Integrative affective-cognitive model에 따르면 유머로 인한 정서적 반응이 인지적 수준에 영향을 미치며, 이는 다시 브랜드 평가에까지 영향을 미친다. 그러니까 웃음이 만든 긍정적 정서는 브랜드에 대한 인지perception, 생각thoughts, 의사 결정decision에 영향을 준다는 의미다. 보고서에서는 결국 이러한 영향이 태도에까지 영향을 미칠 수 있다고 이야기한다.

그런데 이렇게 명확한 성공 공식이 있는데도 실행하지 않는 기업들은 뭘까. 위의 실험 결과만 보면 온 세상은 웃겨서 배꼽이 빠질 것 같은 광고들로 가득해야 할 것 같은데 현실은 그렇지 않다. '진지충'처럼 효능을 설명하는 광고가 있는가 하면, 무슨 말인지 도무지 모르겠는 명품 광고도 있다. 그런가 하면 화려한 이미지만 스타일리시하게 뽑아내는 광고도 있다. 이러저러한 모습들이 저마다의 색깔을 내고 있다는 말이다. 왜일까. 그들은 진정 유머 소구의 강력함을 모르고 있는 걸까.

그럴 수도 있겠지만, 사실 유머 소구를 써야 할 때는 따로 있다. 쓸 수 있는 상품과 쓸 수 있는 상황이 따로 있다는 말이다. 사람 간의 대화도 그렇듯 TPO에 맞지 않는 유머는 자칫 분위기를 어색하게 만든다. 잘못하면 '아재 개그'라며 망신당하기 십상이다. 그럼 언제, 어떻게 유머를 써야 할까. 마케터라면 기억해야 할 것, 딱 두 가지만 소개한다.

첫째, 유머 소구는 저관여제품이나 감정적 연관성이 중요한 제품군에서 사용하면 좋다. 유머는 감정적 유대를 형성하는 데 강력한 역할을 한다. 따라서 유머를 활용한 광고는 패스트푸드, 음료, 생활용품과 같은 저관여제품이나 패션, 엔터테인먼트, 스포츠 같은 감성적 연관성이 중요한 브랜드에서 특히 효과적이다. 반면 금융, 헬스케어, 법률 서비스처럼 신뢰성과 권위가 중요한 고관여제품 광고에서는 신중한 접근이 필요하다. 유머가 고객의 주의를 끌어 광고 인지를 높일 수는 있지만, 자칫 브랜드의 신뢰도를 떨어트릴 수도 있기 때문이다.

둘째, 유머 소구는 전달하는 정보가 단순한 광고에 효과적이다. 광고에서 전달해야 할 메시지가 간결하고 직관적일수록 유머는 강력한 힘을 발휘한다. 반면 제품에 대한 설명이 많고 정보량이 많은 광고에서 유머를 남발하면 자칫 역효과가 생길 수 있다. 즉, 웃음만 기억에 남고 정작 브랜드 메시지는 희석되는 뱀파이어 효과가 발생하는 것이다. 따라서 마케터는 '우리 제품이 직관적으로 이해될 수 있는가?', '광고에서 전달해야 할 정보량이 많지 않은가?'를 고민한 후 유머를 활용할 필요가 있다.

주의를 사로잡는 AI 마케팅

마케터의 중요한 역할 중 하나는 사람들의 주의를 사로잡는 것이다. 그리고 주목을 끄는 일반적인 방법 중 하나가 바로 사회적 이슈에 올라타는 것이다. 여기에 유머까지 가미된다면 그 효과는 배가된다. 하디스 버거는 AI를 활용한 광고로 이 점을 십분 활용했다. 시청자의 호기심을 자극하며 하나씩 빌드업을 해나가는 과정이 절묘했고, 이는 제품에 대한 자연스러운 호기심으로 이어졌다.

우리가 하디스의 사례를 통해 배워야 할 점은 바로 이것이다. AI라는 사회적 이슈를 활용해 우리 브랜드의 이야기를 하는 것, 그리고 적절한 유머를 통해 호기심을 자극하는 설계 그 자체다. 그렇다면 지금 우리 사회의 가장 큰 이슈는 무엇일까. 그리고 그것을 활용해 어떤 이야기를 할 수 있을까. 유쾌하게 이야기할 수 있다면 더 좋겠다. 우리 브랜드의 이야기를 떠올려보자. 마케터가 고민해야 할 부분은 바로 그 지점에 있다.

마케터를 위한 팁

- 하디스는 생성형 AI를 유쾌하게 활용해 호기심을 자극하는 광고를 제작했다.
- 광고에서 유머 소구는 저관여제품이거나 정보량이 적을 때 유리하다.
- 우리 상품의 본질을 알자. 그리고 그에 맞는 고객 소구 전략을 설계해보자.

지금 콘텐츠 마케팅 생태계에서 일어나는 변화

요즘 마케터 E는 생성형 AI 덕을 톡톡히 보고 있다. 챗GPT로 콘텐츠를 기획하고, 미드저니로 이미지를 만들며, 런웨이로 영상까지 제작한다. 간단한 SNS 게시물은 AI의 도움으로 뚝딱 만들어낸다. 하지만 새로운 고민이 생겼다.

'콘텐츠 제작은 이렇게 쉬워졌는데… 정작 고객들에겐 어떻게 노출할 수 있을까?'

바로 노출과 도달에 대한 고민이었다. 제작 환경은 크게 바뀌고 있지만, 콘텐츠를 노출하는 환경은 그다지 달라지지 않은 것 같았다. 오히려 생성형 AI 덕분에 콘텐츠 생산이 쉬워지면서 경쟁은 더 치열해지는 듯했다. AI로 아무리 콘텐츠를 쉽게 만들면 뭐 하나. 양산된 콘텐츠들 사이에서 우리 콘텐츠가 노출되지 않는다면 아무 소용없는 일이었다.

'광고를 좀 더 돌려야 하나?'

마케터 E는 생각했다. 유튜브 광고를 집행하면 잠재고객을 찾아 원하는 시점에 메시지를 노출할 수 있었다. '이번 시즌 세일도 알려야 하고, 신제품도 알려야 하는데.' 내가 원하는 타이밍에 내가 원하는 고객에게 도달하기 위해, 광고는 꽤 괜찮은 수단이었다.

'그런데 좀 이상해… 요즘 상황이 바뀌고 있는 것 같아.'

E는 최근 광고 효과가 이전 같지 않다는 생각이 들었다. 유튜브에서 광고를 안 보는 이들도 점점 늘고 있는 듯했다. 광고가 재미없어서 스킵 버튼을 누르는 정도가 아니라, 아예 유료 구독을 해 광고를 원천적으로 막아버리는 이들이 늘고 있다는 생각이었다. 뭐가 문제일까. E는 이번 달 성과 지표를 들여다보며 생각이 많아졌다.

유튜브 비지니스를 이루는 세 개의 축

사실 지금까지 유튜브의 플랫폼 비즈니스는 세 개의 축이 균형을 이루며 돌아가고 있었다. '플랫폼'이 사람을 모으면, '기업'은 돈을 내고 광고를 집행했다. 그 돈을 받아 플랫폼은 수익을 냈고 더 많은 고객이 몰릴 수 있는 환경(인프라+서비스)을 만들었다. '고객'은 그 덕분에 공짜로 재미있는 콘텐츠를 봤다. 대신 광고도 봐야 했지만 말이다. 기업-플랫폼-고객, 이렇게 세 주체가 각자의 비용을 치르며 각자 취할 것을 취하는 방식의 균형이었다.

그런데 바로 이 균형에 균열이 생기기 시작했다. "아, 더 이상 광고 보기 싫어! 지긋지긋해!" 이렇게 생각하는 이들이 먼저 유료 서비스로 옮겨가면서부터다. 사실 우리 모두는 잘 알고 있다. 유튜브 광고를 인내하는 게 얼마나 답답한 일인지 말이다. 게다가 요즘 들어 부쩍 광고가 늘었다는 것을 나 스스로도 체감 중이다. 유튜브 시청 시간 또한 점점 늘어나다 보니, 좀 더 편하게 보고 싶다는 생각도 든다. 나처럼 생각하는 이들이 많았던 건지, 이제는 유료 구독자 수가 결코 적지 않은 상황이다.

유료로 시작한 넷플릭스는 오히려 광고형 저가 요금제를 내놓았는데, 무료로 시작한 유튜브의 유료 구독자가 늘고 있다는 사실이 흥미롭다. 결국 콘텐츠 플랫폼은 유료와 무료가 섞인 하이브리드 형태로 모두 만나게 될 것 같다. 그들은 시간 빈곤을 겪고 있는 현대인들에게 이렇게 말하고 있는 것이 아닐까.

"광고 보는 시간을 없애고 싶어? 그럼 돈과 시간을 교환하자!"

광고 보기가 얼마나 싫었으면,
이런 짤이 커뮤니티에 돌기도 했다.

문제는 이렇게 늘어나는 유료 구독자의 숫자가 마케터에게
는 치명적일 수 있다는 점이다. 왜 그럴까. 좀 더 자세히 살펴보자.

소비 패턴이 달라졌다

유튜브의 유료 서비스인 '유튜브 프리미엄'은 광고로 인한
방해를 받지 않아도 된다는 것이 큰 장점이다. 게다가 화면을 끄
고 소리만 들을 수도 있고 유튜브 뮤직을 덤으로 이용할 수도 있
다. 가격은 1개월에 무려 14,900원인데, 케이블 방송이나 IPTV

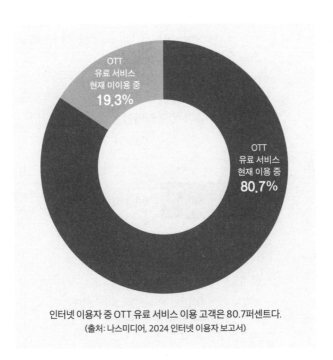

인터넷 이용자 중 OTT 유료 서비스 이용 고객은 80.7퍼센트다.
(출처: 나스미디어, 2024 인터넷 이용자 보고서)

유료 방송은 물론 다른 OTT 플랫폼과 비교해도 결코 낮은 가격이 아니다. 그런데 이런 유료 서비스를 이용하는 고객이 생각보다 많다. 나스미디어에서 발표한 2024년 인터넷 이용자 보고서NPR, Netizen Profile Research에 따르면, 인터넷 이용자 중 유료 OTT 서비스를 이용하고 있는 고객은 무려 80.7퍼센트에 달했다.[33] 그리고 인터넷 이용자 중 유튜브 프리미엄을 이용 중인 고객은 31.7퍼센트였다.[34] 이는 전년 대비 약 7퍼센트포인트가 증가한 수치인데, 그만큼 유료 구독자 수가 빠르게 늘고 있다는 뜻이다. 경제활동인구의 대부분이 인터넷 이용자라는 점을 고려할 때, 절대량으로 보나 증가 속도로 보나 놀라운 수치다.

하지만 더 놀라운 사실이 남아 있다. 연령대별 유료 구독자 비율을 살펴보니, 20대의 유료 구독 비율이 상당히 높았다. 특히 20대 남성만 놓고 본다면, 인터넷 사용 고객 중 무려 54퍼센

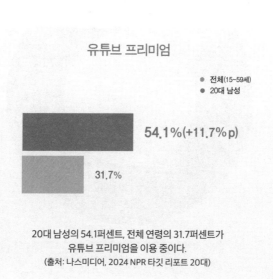

유튜브 프리미엄

● 전체(15~59세)
● 20대 남성

54.1%(+11.7%p)

31.7%

20대 남성의 54.1퍼센트, 전체 연령의 31.7퍼센트가
유튜브 프리미엄을 이용 중이다.
(출처: 나스미디어, 2024 NPR 타깃 리포트 20대)

트가 넘는 이들이 유튜브 유료 구독을 하고 있었다.[35] 다시 말해 20대 남성 둘 중에 한 명은 유튜브 프리미엄을 이용한다는 얘기다. 20대는 상대적으로 구매력이 약한 세대일 텐데 어떻게 이런 결과가 나왔는지 의문이 든다.

답을 찾기 위해서는 이들의 소비 패턴에 주목할 필요가 있다. 이들은 미디어 콘텐츠를 가장 많이 시청하고 소비하는 세대이기도 한데, 특히나 다양한 유료 구독 모델에 익숙하다. 트렌드 서적에서는 '경험을 소비하고 싶어 한다', '가심비를 추구하기에 구매가 아닌 구독을 한다'라는 말로 이들의 소비 경향을 해석하고 있다. 구독을 통한 다양한 경험에 가치를 둔다는 이야기다. 그러다 보니 자연스럽게 OTT 유료 구독률도 올라가게 된 것으로 보인다. 실제로 한국콘텐츠진흥원이 진행한 '2023년 OTT 이용 행태 조사'에 따르면 개인당 평균 유료 콘텐츠 구독 수는 1.8개에

유료 OTT 서비스 구독 수

평균 1.8개

56.0%

22.6%

12.0%

9.3%

1개   2개   3개   4개 이상

(출처: 한국콘텐츠진흥원, 2023년 OTT 이용행태 조사)

달한다.[36]

　물론 20대의 유튜브 프리미엄 가입률이 높은 데는 그들이 디지털 플랫폼에 가장 익숙한 세대라는 원인도 있다. 그러다 보니 20~30대가 모이는 온라인 커뮤니티에서는 아이디를 공유하는 이른바 '파티원' 모집 글이 종종 보인다. 또한 VPN을 활용해 값싸게 유튜브 프리미엄을 이용했다는 체험기가 올라오기도 한다. 이는 아프리카나 남미 국가에서 로그인한 것처럼 우회 접속을 하면 좀 더 싼 가격으로 유튜브 유료 구독을 이용할 수 있다는 헛점을 노린 방법이다. 이러한 방식이 온라인에서 확산되자 한 방송사 인터뷰에서는 "저는 터키로 이민 간 상태예요"라는 웃지 못할 얘기를 하는 이도 있었다.

유튜브 프리미엄 우회 가입 관련 인터뷰.
실제로 터키로 이민 간 것은 아니다.
(출처: 채널A)

유료 구독 증가의 의미

이처럼 유튜브 유료 구독자가 증가한다는 것은 마케터에게
는 남다른 의미다. 특히 그간 유튜브 광고를 집행해왔던 기업에
게는 더욱 그렇다. 유료 구독으로 광고 노출이 원천 차단되는 고
객 수가 늘어난다는 말이기 때문이다. 결국 우리 브랜드의 메시
지가 얼마나 많은 잠재고객에게 도달할 수 있을지, 즉 '도달률'을
높이기 위해 고민하는 마케터에게는 부정적인 의미로 다가올 수
밖에 없다.

여기서 잠깐, 도달률의 의미를 다시 한번 짚고 넘어가자. 도
달률이란 우리 광고가 얼마나 많은 사람에게 노출되었는지를 보
여주는 지표로, 마케팅 캠페인의 성과를 측정하고 미디어 효과
를 계산하는 데 가장 기본이 되는 개념이다. 예를 들어 A라는 상
품을 구매할 수 있는 잠재고객이 전국에 100명이 있다고 해보
자. 마케터로서 우리의 1차 목표는 이 100명에게 우리 상품을 알
리는 것이다. 이때 30명에게 우리 광고를 노출했다면 도달률은
30퍼센트가 된다.

그런데 X라는 매체에는 우리의 잠재고객이 10명 있고, Y라
는 매체에는 잠재고객이 80명 있다면 어떨까. 우리는 과연 어떤
매체에 매력을 느낄까. 당연히 Y다. Y 매체의 커버리지가 X 매
체보다 높기 때문이다. 그런데 만약 Y 매체의 잠재고객이 80명
에서 70명, 60명, 50명으로 점점 떨어지고 있는 상황이라면 어떨

까. 적어도 광고 매체로서 Y의 매력도는 점점 줄고 있다고 봐야
한다. 지금 유튜브의 상황이 그렇다는 말이다.

물론, 유료 구독자가 10명 중 3명이라 해도 나머지 7명의 이
용 시간이 워낙 길기에 충분한 도달이 가능하다는 반론이 있을
수 있다. 그리고 우리 브랜드의 타깃 시장이 작을수록 해당 반론
은 설득력이 높아진다. 하지만 우리가 타깃을 공격적으로 확장하
고 있거나 20대 고객 전체 커버리지가 필요한 상황이라면 얘기
는 달라진다. 20대 남성의 절반이 유료 구독자인데, 나머지 절반
만 보고 캠페인을 할 수는 없으니 말이다.

그렇다면 어떻게 해야 할까. 우리는 이제 유튜브와 '손절'해
야 하는 걸까. 그건 아니다. 유튜브는 여전히 고객들이 가장 많은
시간을 보내는 미디어다. 게다가 고객들이 유튜브에서 보내는
시간은 점점 더 늘어나고 있다. 그리고 이 시대에 가장 고도화
된 AI를 가진 플랫폼이란 사실은 부인할 수 없다. 이는 AI를 통
해 고객이 원하는 콘텐츠를 가장 잘 전달할 수 있는 매체라는 의
미이며, 마케터에게는 AI가 분류한 고객의 취향과 선호를 활용
할 수 있는 수단이라는 의미다. 따라서 변화된 상황을 인지했다
면 그러한 상황 속에서 이 미디어를 어떻게 다루어야 할지에 관
한 전략, 즉 대응 전략이 필요하다. 그동안에는 기업들이 광고를
중심으로 활용했다면 조금 다른 방법도 있을 수 있다. 그 방법이
무엇인지 구체적인 내용을 사례와 함께 살펴보자.

마케터를 위한 팁

- AI 덕분에 콘텐츠 제작은 쉬워졌지만 양산되는 콘텐츠들 사이에서 경쟁은 더 치열해지고 있다.

- 유튜브는 유료 구독자가 늘고 있는데, 이는 광고 매체로서 매력이 떨어지고 있다는 의미다.

- 경쟁도 심해지고 유튜브 광고도 어려워진다면, 우린 고객에게 어떻게 도달할 수 있을까.

INSIGHT

변화에 대처하는
우리의 전략

4부 AI도 못줄 수 있을까

　이쯤에서 이런 질문을 하는 독자가 있을 수 있다. "줄어든 고객에 대해서는 유튜브가 아닌 다른 매체를 통해 노출하면 되는 것 아닌가요? 그리고 꼭 광고가 아니라 다른 방법을 통해 그들에게 도달할 수 있지 않나요?" 여기까지 생각했다면 훌륭하다. 그리 호락호락해 보이지는 않지만, 이제부터는 바로 그 이야기를 해보겠다. 잃어버린 고객을 찾아오는 세 가지 전략이다.

온드 미디어 전략

　변화에 대처하는 첫 번째 전략으로 온드 미디어Owned Media 전략을 꼽을 수 있다. 이는 트리플 미디어 모델 중 하나의 축으로, 브랜드가 직접 소유하고 운영하는 미디어를 의미한다. 유튜브 플랫폼 안에서는 기업이 직접 운영하는 브랜드 채널로 볼 수 있다. 실제로 현재 대부분의 기업이 유튜브에서 자체 채널을 운영하고 있을 만큼 이 전략은 필수가 되었다. 여기서 핵심은 브랜드가 하나의 콘텐츠 크리에이터가 되어 시청자들이 자발적으로 찾고 구독할 만한 매력적인 콘텐츠를 제작하는 것이다.

이때 우리 영상이 광고를 통해 강제로 노출되는 것이 아닌, 유튜브 AI 알고리즘을 통해 자연스럽게 추천될 수 있어야 한다. 우리는 지금 광고를 피해 유료 구독 중인 고객들에게 도달하기 위한 방법을 찾고 있으니 당연하다. 결국 유튜브 생태계 안에서 자연스럽게 추천되거나 고객들이 찾아보고 싶게 만드는 방법이 필요하다.

이 말의 무게감은 상당한데, 수많은 유튜버들의 콘텐츠와 경쟁해야 한다는 의미이기 때문이다. 오직 재미만 생각하며 콘텐츠를 만드는 유튜버들도 성공하기가 쉽지 않다. 그런데 브랜드가 그들과의 경쟁에서 이겨야 한다니 결코 만만치 않은 상황인 것이다.

게다가 유튜브는 연예인 채널이 증가하고 미디어 전문 기업의 진출이 확대됨에 따라 그야말로 콘텐츠 르네상스 시대를 맞이하고 있다. 고객의 눈높이는 그만큼 높아졌다. 이쯤 되면, 기업은 이제 스스로 콘텐츠 제작사가 되어야 하는 상황이다. 우리 상품을 홍보하기 위해, 유행하는 예능 형식으로 어떻게든 버무려보겠다는 생각은 시작부터 잘못되었다. 추천되지 않는다면 없는 것이나 다름없기 때문이다. 제대로 만들 게 아니라면 시작도 해선 안 된다. 콘텐츠의 재미 하나에만 사활을 거는 미디어 전문 기업들도 고전하고 있는 이 바닥에서, 브랜드는 정말로 살아남을 수 있을까.

물론 그 어려운 일을 실제로 해내고 있는 기업들이 있다. 대표적인 사례가 바로 토스의 '머니그라피' 채널이다. 이 채널의 〈B주류경제학〉 시리즈는 일상 속 문화, 예술 등에 숨어 있는 경제 이야기를 재미있게 풀어내는 토크 콘텐츠로, 시청자들에게 좋은 반응을 얻고 있다. 매번 게스트가 등장해 새로운 주제에 관해 토크를 이어가는데, 좋아요나 댓글 등의 시청자 반응이 상당하다. 흥미로운 점은 콘텐츠 안에서 토스나 관련 금융상품에 대한 이야기는 전혀 하지 않는다는 것이다. 오히려 '쉬운 경제'라는 토스의 미션을 실현하고 있는 듯 보인다. 콘텐츠의 팬이 장기적으로는 토스의 팬이 될 수 있다는 믿음이 있어서일까. 고객과 밀접한 관계를 형성하고 고객에게 다가가기 위한 전략으로 읽힌다.

또 하나 눈여겨볼 만한 점은 이들이 유튜브 영상을 자체 제작하고 있다는 점이다. 전문 제작사에게 외주를 맡기지 않고 방송사 PD, 작가 출신의 인력을 채용해 그들이 영상 기획부터 제작까지 모두 직접 해나가고 있다. 심지어 직원이자 PD가 고정 출연을 하며 토크 콘텐츠의 호스트가 된다.

방송사가 아닌 기업이, 게다가 보수적인 금융 회사가 이런 구조를 갖췄다는 사실은 이례적이다. 하지만 앞서 말한 대로 유튜브 생태계 안에서 기업은 이제 스스로 미디어가 되어야 하는 상황에 직면해 있다. 토스는 이러한 시대의 흐름을 꿰뚫고 기민하게 대응하고 있는 것으로 보인다. '토스피드'라는 블로그로 활발히 소통하고, 반응이 좋은 글을 모아 책을 내고, 그 책이 베스트셀러가 되는 선순환 구조가 그냥 만들어진 게 아니라는 생각이 든다.

콜라보 전략

변화에 대처하는 두 번째 전략은 바로 콜라보 전략이다. 브랜드는 유튜브 생태계 내에서 이미 잘나가고 있는 채널에 우리 상품을 노출하는 방식으로 협업할 수 있다. 잠재고객들이 즐겨 보는 유튜브 채널에 협찬을 하거나 PPL을 하는 것이 대표적이다. 고객이 재미있게 시청하는 콘텐츠 속에 우리의 마케팅 메시지를 자연스럽게 녹이는 방식이다. 이는 광고를 원천적으로 보지 않는 시청자들에게 비교적 효과적으로 도달할 수 있는 전략인데, 특히 고객들이 '즐겁게' 시청하고 있는 맥락 속에서 우리 브랜드의 메시지를 전달할 수 있다는 것이 가장 큰 장점이다.

'어떠한 맥락'에서 우리 상품을 보여주느냐는 중요한 요소다. 노희영 작가는 저서 《노희영의 브랜딩 법칙》[37]에서 자신이 출시한 브라우니의 마케팅 일화를 소개하고 있는데, 빅뱅 콘서트 입장 관객들에게 브라우니를 공짜로 나눠준 이야기다. 고객 관점에서 본다면 내가 좋아하는 뮤지션과 함께 행복이 절정에 이르는 시간에 브라우니 맛을 보게 되니 그 브라우니는 무조건 맛있을 수밖에 없다는 논리다. 당시 브라우니는 상당한 고가였음에도 히트 상품이 되었다고 하니, 그의 말이 틀리진 않았던 것 같다. 물론 콘서트 마케팅 한 번 때문에 제품이 성공한 건 아닐 것이다. 하지만 어떤 맥락 속에서 제품이 소비되어야 하는지를 설명하는 좋은 일화임에는 틀림없다. 많은 럭셔리 브랜드들이 빳빳하고 묵직한 잡지에 광고를 하는 것도 같은 맥락에서 이해할 수 있다. 고급스러운 콘텍스트 속에서 자사의 브랜드를 보여주고 싶은 것이다.

다시 유튜브 이야기로 돌아가보자. 인기 유튜버의 콘텐츠에 우리 상품을 노출하는 것은 즐거움의 맥락 속에서 제품을 광고할 수 있다는 강점이 있다. 실제로 〈씽크 위드 구글 Think with Google〉

PPL은 즐거움의 맥락 속에서
우리 브랜드의 제품을 노출한다는 장점이 있다.
(출처: 피식대학 채널)

에서는 크리에이터 채널에 등장한 브랜디드 콘텐츠의 효과성 실험을 진행한 적이 있다. 실험 결과 크리에이터가 제작한 롱폼 광고는 브랜드의 일반적인 숏폼 광고에 비해 브랜드의 인지도와 고려도를 5배나 높이는 것으로 나타났다.[38] 내가 좋아하는 크리에이터의 콘텐츠를 즐거움의 맥락 속에서 소비하다 보니 긍정적인 결과가 만들어진 것이다.

하지만 사실 협찬이나 PPL은 한계도 명확하게 존재한다. 유튜버가 소유한 채널이다 보니 브랜드가 표현 방식이나 메시지 구성 등에 대한 통제력을 갖기 어렵다. 게다가 눈에 보이는 제품이 아닌 '서비스'를 노출해야 하는 경우 상황이 복잡해진다. 통상의 서비스는 무언가를 구구절절 설명해야 하기 때문이다. 게다가 처음으로 출시하는 서비스라면 고객들의 머릿속에 기본 개념조차 없을 수 있다. 이러한 상황에서 추상적인 그 무엇에 대해 하나씩 설명해나간다면? 사실상 PPL 방식으로 소화하긴 어렵다는 생각이 든다.

그렇다면 우리 브랜드에 맞는 유튜버는 어떻게 찾을 수 있을까. 유튜브 채널별 랭킹 및 시청자의 인구 통계적 분석 데이터를 제공하는 사이트들이 많이 있다. 유료라는 것이 단점이긴 하지만, 일단 가입해서 활용해보면 최근 평균 조회수부터, 반응 수, 고객 분포, 해당 시청 고객들이 시청하는 다른 채널 등의 정보가 자세하게 나온다. 다음 페이지에 관련 사이트를 공유하니 필요할 때 적절히 활용하자.

유튜브 채널 정보 제공 사이트
· 녹스 인플루언서 https://kr.noxinfluencer.com/
· 블링 https://vling.net/

유튜브 밖 광고 전략

세 번째는 유튜브 밖 광고 전략이다. 가장 직관적이며 단순한 방법은 다른 매체에도 광고를 하는 것이다. 하나의 매체를 통해 도달할 수 있는 잠재고객 수는 정해져 있다. 이 때문에 기업은 매체 믹스를 구성해 다양한 매체를 활용한다. 물론 매체 믹스는 각 매체의 특성과 잠재고객, 임팩트 등을 고려해야 한다. 이 모든 걸 고려해 연금술사처럼 뿅 하고 환상의 비율을 도출해낼 수 있다면 좋겠지만 그게 말처럼 쉽지가 않다. 그래서 이 분야에도 다양하고 방대한 선행 연구가 존재한다.

또한 기업에서는 브랜드에 맞는 최적의 매체 믹스 조합을 찾기 위해 고객 조사와 도달률 평가를 실행하기도 한다. 유튜브에서는 TV 광고와 유튜브 광고의 최적 조합을 시뮬레이션해주기도 한다. 그렇지만 각 매체 집행 비율은 정답이 있다기보다는 최선의 답을 찾아가는 과정이라고 보면 좋을 것 같다.

매체 믹스를 다양하게 구성하는 방법 이외에 훨씬 더 정밀한 방법도 있다. 정확하게 유튜브 프리미엄을 쓰고 있는 고객을 특정해 광고를 하는 방식이다. 예컨대 안드로이드 폰의 경우, 광고 ID°를 통해 유저의 온라인 활동을 추적할 수 있다. 유저가 어떤 앱을 깔았는지 식별해낼 수 있는데, 유튜브 뮤직 앱을 사용하는 유저가 있다면 그를 유튜브 프리미엄 가입자라고 추정하는 것이다. 추정된 유저를 대상으로 광고를 노출할 수 있다.

이런 디지털 광고를 전문으로 하는 이른바 데이터 관리 플랫폼DMP, Data Management Platform 업체들이 있다. 광고 ID나 쿠키 기반의 광고를 하는 업체들인데, 유튜브 광고를 통해 도달하기 어려운 고객에게 도달하기 위한 하나의 방법이 될 수 있다.

브랜드에 맞는 전략 찾기

지금까지 유튜브 생태계에서 일어나는 변화와 의미에 대해 살펴봤다. 유튜브의 유료 구독자가 늘어난다는 것은 광고 매체로서 매력도가 떨어지고 있다는 의미다. 이런 상황에서 우리는 온드 미디어 전략, 콜라보 전략, 유튜브 밖 광고 전략이라는 세 가지 전략으로 대응할 수 있다.

○ 안드로이드 단말기에 부여되는 고유 식별자인데, 이를 통해 사용자의 모바일 사용 패턴을 분석할 수 있다. 웹브라우저에서 쿠키를 통해 유저의 행동 패턴을 추적하고 분석할 수 있는 것과 유사한 원리다.

우리 브랜드의 목표가 무엇인지 이해하고, 우리에게 맞는 전략은 어떤 것일지 생각해보자. 우리를 둘러싼 비즈니스 환경이 변화하고 있다면, 대체 그 변화는 어떤 모습인지 분명히 알아야 한다. 그리고 변화의 의미를 해석할 수 있어야 한다. 그러한 해석을 통해 우리는 어떤 전략을 준비해야 할지 고민해보길 바란다.

마케터를 위한 팁

- 유튜브는 고객들이 가장 많은 시간을 보내는 여전히 매력적인 매체다.
- 브랜드는 온드 미디어 전략, 콜라보 전략, 유튜브 밖 광고 전략으로 대응할 필요가 있다.
- 지금 우리 브랜드가 당면한 문제는 무엇인가. 그에 맞는 전략을 준비해보자.

AI
MARKETING

5부

AI 시대,
더 돋보이는
기획력이란?

9장

AI가 만든 이 구역의 히든 챔피언

소녀는 이쪽을 응시하고 있다. 깊은 눈 속엔 호기심인지 두려움인지 알 수 없는 감정이 서려 있다. 허름한 옷차림에 두건까지 두르고 있는 그녀의 신분은 그다지 높지 않아 보인다. 그런데 진주로 만들어진 귀고리는 대체 뭘까. 알 수 없는 그녀의 표정만큼이나 신비로운 모습에 자꾸만 눈길이 간다.

명화로 잘 알려진 요하네스 페르메이르의 〈진주 귀고리를 한 소녀〉에 대한 묘사다. 소녀의 신비로운 표정과 정면을 응시하는 시선 등 작품 자체만으로도 충분히 매력적이지만, 동명의 소설이 인기를 끌며 그림의 명성이 더욱 높아졌다. 온라인에서 다양한 밈으로 패러디된 것도 작품이 유명해지는 데 한몫했다.

이 작품의 원본은 네덜란드 헤이그에 위치한 마우리츠하위스 미술관에서 소장 중이었는데, 어느 날 작품을 대여할 일이 생겼다고 한다. 다른 미술관의 특별 전시 때문이었다. 워낙 유명한 작품이다 보니 미술관에서는 그림이 있던 자리를 비워놓는 대신 색다른 아이디어를 냈다. 해당 기간 동안 원작을 대신할 작품을 공모한 것이다. 패러디가 많이 됐던 작품이니 다양한 아이디어를 모아보면 재미있을 것 같다는 생각이었다. 〈진주 귀고리를 한 소녀〉를 기념하면서도 해당 그림의 의미를 다시 한번 떠올리게 하는 홍보 전략이었다.

그런데 당선작이 발표되자 많은 이들이 놀랐다. 당선작 중 하나가 AI로 제작된 그림이었기 때문이다. 해당 그림을 완성하는 데 생성형 AI 미드저니가 활용되었다고 한다. 미술관에 AI로 만들어진 작품이 걸리자 찬반 논란이 일었다. 일부는 참신하다고 평가했지만 또 다른 사람들은 예술을 모독하는 행위라며 강력히 비판했다.[39]

비록 홍보를 위한 공모전일지라도 이 사건은 예술에 관한 본질적인 질문을 던지고 있다. 예술이란 무엇인가? AI가 창조한

(좌) AI가 그린 모작 (우) 원작 〈진주 귀고리를 한 소녀〉

것을 예술이라 할 수 있는가? AI는 예술가의 도구인가, 아니면 창작의 주체인가? 이러한 논의는 마케팅 분야에도 중요한 시사점을 던져준다. AI는 더 이상 보조 도구가 아닌, 아이디어를 현실화하는 새로운 창작 파트너로 자리 잡고 있기 때문이다. 결국 우리가 AI를 어떻게 활용하느냐에 따라 상상이 현실이 되기도 하고, 이전에 없던 새로운 시도가 눈앞에 실현될 수도 있다. 이제부터는 그러한 새로운 시도를 통해 완성도 높은 결과물을 만들어내고 있는 이들에 관해 이야기해보려 한다.

라이언 오슬링, AI로 무엇이든 만들어드립니다

AI로 창작 활동을 하는 예술가와 크리에이터들이 존재한다. 대중에게 주목을 받고 이슈를 만드는 이들도 있다. 대표적인 사례가 라이언 오슬링(@ryan_ohsling)이다. 'AI로 무엇이든 만들어드립니다'라는 타이틀이 붙은 인스타그램 채널이 주목받게 된 것은 '카이스트 교수 지드래곤'이 등장했을 때부터다. 지드래곤이 카이스트 초빙교수로 임명되던 때, AI가 그린 재치 있는 이미지들이 화제가 됐다. '카이스트에서 빅뱅이론 강의하는 지드래곤', '분필 대신 'Get your 크래용'으로 수업하는 지드래곤', '수업 후 성심당 빵을 포장해 가는 지드래곤' 등인데 "이게 진짜야?" 싶으면서도 피식 웃음이 나오는 이미지들이다. 특히 빅뱅 멤버 '태

174

양'으로 태양열 에너지를 실험한다는 말장난 같은 설정에선 실소가 터진다.

위트 있는 작품은 여기서 그치지 않는다. 부처님 오신 날을 맞아 런던베이글에서 줄 서고 있는 부처님, 미국 드라마 〈브레이킹 배드〉의 '월터 화이트'와 악수하는 '원조 마약김밥' 할머니의 모습까지. 현실과 상상을 넘나드는 이미지들이 계속해서 등장한다.

하지만 이 채널의 진가는 단순한 웃음에서 그치지 않는다. 현충일을 기념해 안중근 의사가 퇴근 후 위스키 한 잔으로 하루를 마무리하는 모습, 유관순 열사가 친구들과 분식집에서 수다 떠는 장면, 캠핑장에서 별을 보며 책을 읽는 윤동주 시인의 모습까지, 이 시대를 살았다면 우리의 영웅들도 누렸을 평범한 일상

(왼쪽부터) 카이스트에서 빅뱅이론 강의하는 지드래곤, '태양'으로 태양열 에너지를 실험하는 지드래곤.
성심당 빵을 포장해 가는 지드래곤(출처: @ryan_ohsling)

들을 다룬 이미지도 화제가 되었다. 우리가 당연하게 여기는 이 소소한 행복들이, 그들의 희생으로 가능해졌다는 걸 떠올리면 웃음 뒤에 묵직한 여운이 남는다.

(좌) 런던베이글에서 줄 서고 있는 부처님,
(우) 월터 화이트와 악수하는 원조 마약김밥 할머니
(출처: @ryan_ohsling)

안중근과 유관순으로 만든 이미지
(출처: @ryan_ohsling)

이것이 바로 예술이 갖는 진짜 힘이 아닐까. 웃다가 문득 생각에 잠기게 만드는 것. 가볍게 시작해 깊이 있게 끝나는 이야기. 이 채널은 단순히 재치 있는 밈 제조를 넘어 묵직한 한 방을 날리는 채널로 자리매김하고 있다. 이러한 채널의 힘이 커지면 결국에는 브랜드와 협업하는 마케팅 플랫폼으로서 기능할 수 있다. 인기 유튜브 콘텐츠인 '워크맨'이나 '전과자'처럼 콘텐츠의 틀은 그대로 유지한 채 다양한 브랜드와 협업하는 식으로 비즈니스가 확장될 수 있다. 실제로 라이언 오슬링은 국가보훈부, SBS, 마몽드, MLB 등과 협업하는 등 활발한 활동을 펼치고 있다.

킵콴, AI 예술가

AI를 예술의 도구로 활용하는 사례도 있다. 바로 킵콴(@thisis keepkwan)이다. 평범한 직장인이었다가 퇴사 후 본격적으로 AI 크리에이터의 길을 걷고 있는 그는 광고, 영화, 아트워크 등 여러 분야에서 왕성하게 활동 중이다. 그의 채널을 보면 완성도 높은 영상 예술 작품들이 눈에 띈다. '생성, 존재, 파괴' 등의 주제를 다루기도 하고, 산타를 주제로 단편영화를 제작하기도 했다. 그뿐만 아니라 마이애미, 뉴욕, 플로리다 등 여러 갤러리에서 초청 전시를 열기도 했다.

킵콴만의 돋보이는 점은 생성형 AI 미드저니에 대한 책《된다! 미드저니》를 저술할 만큼 AI를 활용하는 데 전문적인 실력을 가지고 있다는 점이다. 그의 작품이 유난히 완성도가 높아 보이는 이유다. 그럼에도 불구하고 그는 오직 AI만으로 작품을 만들지는 않는다고 한다. 기획부터 제작, 그리고 최종 완성에 이르기까지 다양한 툴을 통해 보완하는 과정을 거친다. 그에게 AI는 협업의 대상인 것이다.

최근 그는 한국의 전통미와 현대 브랜드를 결합한 독특한 작품들을 선보이고 있다. 언뜻 보면 전혀 어울리지 않을 것 같은 두 요소를, AI를 통해 놀라울 만큼 조화롭게 구현해낸다. 예를 들어 갓을 쓴 조선시대 선비가 버버리 가방을 들고 있거나, 줄을 타는 광대가 나이키 짚신을 신고 있는 식이다. 스타벅스 한양도성점의 모습이나, 지하철을 타고 퇴근 중인 조선시대 피곤한 직장

(왼쪽부터) 버버리 가방을 든 조선시대 선비, 나이키 짚신을 신은 줄광대, 스타벅스 한양도성점
(출처: @thisiskeepkwan)

인의 모습도 볼 수 있다. 특히 붓으로 사표를 쓰고 있는 장면에서는 실소를 참기 어렵다. 어울릴 것 같지 않은 전통과 현대를 과감하게 섞어낸 기발한 아이디어야말로 그의 작품을 자꾸 보고 싶게 만드는 힘이다.

(위) 붓으로 사표 쓰고 있는 조선시대 직장인,
(아래) 지하철로 퇴근 중인 조선시대 직장인(피곤함)
(출처: @thisiskeepkwan)

시바 AI, AI 사용법을 알려드립니다

한편, AI를 이용해 이미지나 영상의 제작 방법을 소개하는 채널도 있다. 대표적인 곳이 바로 시바 AI(@itsshibaai)이다. 요즘 생성형 AI에 대한 핫한 정보가 가장 빠르게 올라오는 플랫폼이 바로 쓰레드인데, 이 채널 역시 쓰레드에서 만나볼 수 있다. 운영자는 미국에서 3년째 AI만 파고 있다는데, 그간 쌓아둔 자료를 아낌없이 풀고 있다.

이 채널에서는 디자인이나 영상 업계 종사자들도 감탄할 정도의 최신 AI 툴부터, 아무나 쉽게 따라 할 수 있는 툴까지 다양하게 다룬다. 그렇게 차곡차곡 모아진 정보들을 하나씩 따라가다 보면 "헉, AI로 이런 것도 돼?" 싶은 순간들이 이어진다. 예컨대, 영상 AI툴 네 가지(클링Kling, 소라, 런웨이, 비오)에 똑같은 프롬프트를 넣어 결과물을 비교한 포스팅이 있다. 이를 보면, 각 툴의 장단점을 한눈에 비교해볼 수 있다. 그런가 하면, 마블 어벤저스의 소멸 장면을 AI로 구현하여 원작과 비교해보는 포스팅도 있다. 원작 CG 효과에 150만 달러가 들었고 AI 제작에는 겨우 9달러가 들었다는 걸 고려할 때, 둘 간의 비교는 가히 충격적일 수밖에 없다. 게다가 CG 효과를 만들기 위해 들어가는 시간과 노력이 AI 툴에는 필요치 않다는 게 중요하다. 앞으로 영화 산업에도 AI가 광범위하게 활용될 수밖에 없는 이유다.

이뿐만 아니라 간단한 애니메이션 제작법부터 다양한 AI 툴을 결합해 고퀄리티 결과물을 만드는 방식까지 폭넓게 소개된다. 눈이 휘둥그레지는 생성물들을 보고 있자면, 'AI 크리에이터'라는 말이 더 이상 먼 이야기처럼 느껴지지 않는다. 상상하면 무엇이든 만들 수 있는 세상에서, 지브리 카톡 프사만으로 만족할 수는 없는 노릇이다. 쓰레드에는 시바 AI 채널뿐만 아니라 재야의 숨은 고수들과 그들이 알려주는 정보들이 너무도 많으니, 꼭 한 번 찾아보길 추천한다. 모든 것이 공개되어 있는 이때야말로 AI를 마음껏 배우고 실험해볼 수 있는 절호의 기회일 듯하다.

 itsshibaai › AI영상 1일

시바 충격!!🤯 자, 당신의 선택은?!
요즘 AI 영상 서비스가 미친 듯이 쏟아져 나오는데
대체 뭘 써야 할지 감 안 온다면 이거 보고 결정 가즈아!!!
이런 비교 영상이 있어서 내가 또 알차게 가져왔음!
무려 10가지나 되니까, 끝까지 꼭 봐봐!
똑같은 프롬프트 넣었는데도 결과가 전부 달라
진짜 AI 세계는 봐도봐도 재밌다니까?!

1. Kling 2.0
2. Sora
3. Runway Gen-4
4. Google Veo 2

(이어서 계속👇)

♡ 76   ☐ 14   ⟲ 17   ▽ 21

itsshibaai › AI영상 4일

시바 충격!!🤯 150만 달러 vs 단돈 $9딸라
앞으로 할리우드의 미래
이거 대혼란 오겠는데 ㄷㄷ

마블 어벤저스 소멸 장면 만드는데
150만 달러에 6개월이나 걸렸다던데
이제는 AI로 단돈 $9에 몇 분이면 쌉가능?!
이거슨 미래가 아니라
바로 지금 현실임!!! ㄷㄷ

(이어서 계속👇)

♡ 88   ☐ 17   ⟲ 16   ▽ 17

itsshibaai › AI영상 4일

참고로, 고급 소멸 시각 효과 컷 하나당 약 10만 달러가
소요된다고함. 그리고 그 소멸 시퀀스에는 약 15개의 주요
시각 효과 컷이 포함되어 있음. 따라서 그 장면 하나의
비용만 해도 150만 달러가 된다고한다.
(영상 및 내용 출처:el.cine)

Higgsfield AI는 여기에서 사용 가능!
(다양한 시네마틱 카메라 효과가 있음)
higgsfield.ai

(좌) 영상 AI 툴 네 가지에 똑같은 프롬프트를 넣고 결과물 비교
(우) 마블 어벤저스 CG 효과와 AI 생성물 비교(출처: @itsshibaai)

이 모든 것을 설계하는 '기획력'

앞서 AI 크리에이터 채널과 AI 정보 채널을 소개했다. 이 채널들을 보고 있자면, AI는 그야말로 우리의 상상을 현실로 만들어주는 강력한 도구가 된 것 같다. 그러다 보니 이제는 과연 '무엇을 상상할지'가 더 중요한 시대가 되었다. 핵심은 바로 '기획력'인 것이다. 누구나 AI 도구를 사용해 위와 같은 이미지를 만들 수 있지만, 무엇을 어떻게 만들어낼지는 온전히 기획의 영역이다. 그 과정에서 어떻게 보는 이의 감정을 자극하고 공감을 얻을 것인지가 성공을 결정짓는 요소다.

실제로 《AI는 어떻게 예술이 되는가》(스튜디오사월, 2024)에서 라이언 오슬링은 다음과 같은 말을 전한다. "인간이 AI를 도구로 활용하고, 그 결과물에 의미와 맥락을 부여하는 게 중요하다." 의미와 맥락 부여는 결국 기획자의 몫이라는 말이다. 물론 기획이나 아이디어 개발 과정에서 챗GPT의 도움을 받을 수 있다. 그러나 그중 어떤 것을 취사선택하고 웃음과 공감으로 연결할지는 온전히 사람의 몫이다. 인간의 감각적인 터치와 상상이 더해져야 공감도 높은 콘텐츠가 만들어질 수 있다는 것이다. 적어도 아직까지는 그렇다.

인스타그램과 유튜브에 AI 제작물은 넘쳐나고 있지만 주목받는 채널은 소수에 불과하다는 것이 그에 대한 방증 아닐까. 결국 AI라는 도구가 제공하는 기술적 가능성을 넘어, 기획력과 스토리텔링 능력이 성공을 좌우하는 시대가 왔다는 점을 기억해야 한다.

AI와 창의적 기획력의 결합

지금까지 생성형 AI를 이용해 독자적인 크리에이터의 길을 걷고 있는 이들을 살펴봤다. 사실 해외로 눈을 돌리면 더 많은 구독자를 보유하고 활발히 활동 중인 아티스트들이 많다. 대표적인 사례가 인스타그램 @liberxx0 채널과 @yokibyte 채널이다. 그럼에도 국내 크리에이터들을 중심으로 소개한 까닭은 AI를 활용하는 크리에이터들이 그만큼 우리 주변 가까이에 있다는 것을 보여주고 싶어서다.

그들의 사례를 되돌아보면 생성형 AI의 진보는 마케터들에

영감에 불을 지펴줄 AI 크리에이터 채널

- Curious Refuge https://www.youtube.com/@curiousrefuge
- Ubunchu's Analog AI https://www.youtube.com/@ubunchu_ai
- Yoki byte(@yokibyte) https://www.instagram.com/Yokibyte
- Liber(@liberxx0) https://www.instagram.com/Liberxx0
- 라이언 오슬링(@ryan_ohsling) https://www.instagram.com/ryan_ohsling
- 킵콴(@thisiskeepkwan) https://www.instagram.com/thisiskeepkwan/
- 차칸양파(@good_onion_) https://www.instagram.com/good_onion_/
- CHOI(@choi.openai) https://www.threads.net/@choi.openai
- 시바 AI(@itsshibaai) https://www.threads.net/@itsshibaai
- 쌩초(@ssaengcho) https://www.threads.net/@ssaengcho

게 새로운 도전을 요구하고 있는 것으로 보인다. 그 도전은 바로 AI가 잘할 수 있는 부분을 정확히 파악하는 것, 그리고 이를 창의적 기획과 결합하는 것이다. 이제 우리는 AI를 통해 더 크고 대담한 상상력을 현실화할 수 있는 시대에 살고 있다. 그렇기에 AI의 잠재력을 이해하고 그것을 어떻게 활용할지를 아는 것이 성공의 핵심이다. '무엇을 할 수 있는지'를 파악해 '어디에 집중할 것인지'를 설계하는 능력이야말로 AI 시대의 마케터에게 가장 중요한 역량 아닐까.

날고자 하는 마음이 있는 이에게 AI는 기꺼이 날개가 되어 줄 것이다.

마케터를 위한 팁

- AI를 활용해 눈에 띄는 작품을 만드는 AI 크리에이터들이 늘어나고 있다.
- AI 활용 작품은 누구나 만들 수 있지만, 핵심은 기획력과 상상력에 기반한 스토리텔링이다.
- 기획력이 더 중요해지는 시대, 우리 브랜드는 AI로 어떤 스토리를 전할 수 있을까.

10장

준비된 사람에게만 보이는 그것

챗GPT가 처음 등장했을 때, 깜짝 놀란 사람이 한둘이 아니었다. 특히 마케팅 분야에서 AI를 어떻게 활용할 것인가는 모든 마케터들의 화두였다. 하지만 정작 행동으로 보여준 브랜드는 많지 않았다. 그런 와중에 맥도날드에서 선수를 친다. 챗GPT에게 다음과 같은 질문을 하면서 말이다.

"세계에서 가장 상징적인 버거는?"
맥도날드의 옥외광고

"세계에서 가장 상징적인 버거는? What is the most iconinc burger in the world?"

이러한 질문에 챗GPT는 빅맥이라는 답을 보여주고 그에 대한 설명까지 친절하게 해준다. "이 버거로 말할 것 같으면 1967년에 처음 만들어져서… 두 장의 소고기 패티와 상추, 치즈 등이 들어가고…." 맥도날드는 그 답을 바로 그대로 옥외광고로 붙여버린다. 줄줄이 이어져 있는 글자들의 색을 마치 빅맥이 연상되도록 바꾸는 센스도 잊지 않았다. 왼쪽의 이미지와 같이 말이다.

그런데 이때 예상치 못한 복병이 등장한다. 절대로 질 수 없다는 생각에 버거킹은 챗GPT에게 다음과 같은 질문을 던진다.

"그리고 가장 큰 버거는? And which one is the biggest?"

이번에는 와퍼라는 답을 친절하게 보여주는 챗GPT. "직화 쇠고기 패티와 참깨빵, 치즈, 토마토, 양파, 치즈 등으로 구성된…." 이를 놓칠 리 없는 버거킹은 역시나 그 내용을 그대로 옥

맥도날드와 버거킹의 광고가 나란히 걸려 있다.

외광고로 걸어버린다. 그것도 맥도날드가 광고를 내건 버스 정류장, 맥도날드 광고 바로 옆에 나란히 말이다. 문장의 시작을 굳이 'And'로 한 것 또한, 바로 옆에 있는 맥도날드 광고를 의식해 의도적으로 던진 질문임을 보여준다. 여기서 'And'의 의미는 "알았으니까 됐고!" 정도가 아니었을까.

비교 광고가 유효한 경우

맥도날드는 햄버거 카테고리의 1등 사업자가 자사임을 강조하기 위해 챗GPT를 사용했다. "내가 제일 잘나가!"라고 뽐내며 고민하지 말고 대세에 올라타라는 메시지를 전하기 위해서였다.

하지만 이런 전략은 해당 카테고리에서 확고한 1등일 때에만 사용해야 한다. 맥도날드는 이 점을 간과했던 걸까. 버거킹은 품질 좋고 큰 햄버거라는 세부 카테고리에서 우위 사업자였다. 누군가는 아삭한 야채가 들어 있는 와퍼를 최고의 버거로 선택한다는 얘기다. 버거킹은 이 점을 잘 알고 있었다. 그래서 곧장 자신이 잘하는 분야를 밀어붙였던 것이다. 챗GPT마저도 '그래 이 분야는 버거킹 네가 킹이지'라며 인정했듯이 말이다. 결국 둘의 경쟁 덕에 상파울루에서는 맥도날드와 버거킹의 광고가 새로운 볼거리가 되었다.

187

맥도날드와 버거킹, 디스전의 역사

사실 맥도날드와 버거킹이 경쟁하듯 상대방을 디스하는 광고는 그 역사가 깊다. 버거킹 매장에 맥도날드 캐릭터 로날드가 등장한 광고는 익히 잘 알려져 있다. 로날드도 먹어보고 싶어 하는 버거라는 점을 재치 있게 표현한 것이다. 맥도날드는 프랑스의 한 도로에서 "가장 가까운 맥도날드 매장은 5km, 버거킹 매장은 258km"라는 옥외광고를 했다. 그만큼 맥도날드에 비해 버거킹 매장은 몇 개 없다는 사실을 디스한 것이다.[40] 버거킹도 이에 질 수 없었다. 버거킹은 고객의 위치 정보를 활용해 맥도날드 매장 인근에 있는 이들에게 와퍼 쿠폰을 증정하기도 했다.[41]

그런데 사실 이러한 비교 광고는 주로 후발 사업자가 택하는 전략이다. 1등 사업자가 후발 사업자와 함께 뒤엉켜 진흙탕 싸움을 해봤자 본인에게 유리할 게 없기 때문이다. 진하게 싸워봐야 '그 밥에 그 나물' 소리나 듣기 십상이다. 그래서 당연히 1등

버거킹에 등장한 로날드

"가장 가까운 버거킹 매장은? 258km.
가장 가까운 맥도날드는? 5km."

"가까운 맥도날드 매장에 가시면 버거킹 쿠폰을 드려요."

은 2등과 거리를 두고 싶어 한다. 그러다 보니 경쟁적인 비교 광고는 2등이나 3등이 1등을 끌어들이는 방식으로 진행하는 경우가 일반적이다. 펩시가 코카콜라와의 비교 광고를 하고, BMW가 벤츠와의 비교 광고를 한 이유이기도 하다.

"빨대도 거부하는 코카콜라." 펩시의 광고.

펩시와 코카콜라의 쌍방 공격.
(펩시 "공포스러운 핼러윈이 되길!"
vs 코카콜라 "누구나 히어로가 되고 싶어 해!")

싸움의 시작이야 어찌 되었든 경쟁하는 브랜드들이 광고로 맞붙는다면 고객은 즐겁다. 힙합 뮤지션들이 서로를 디스할 때처럼 그걸 보는 고객들은 묘한 카타르시스마저 느낄 수 있다. 그래서일까. 둘 간의 싸움에 은근슬쩍 숟가락을 얹는 이가 있었으니 바로 써브웨이다. '니들이 내 앞에서 사이즈를 논해?'라고 항의하는 듯, 써브웨이는 맥도날드와 버거킹의 햄버거를 길이로 비교해 달라고 챗GPT에게 주문했다. 길이만 놓고 보자면 써브웨이 샌드위치를 따라갈 자가 없는 건 맞다. 상파울루에서 3사가 나란히

"벤츠도 운전의 즐거움을 선사할 수 있습니다." BMW 광고

상파울루에 나란히 놓인 3사(맥도날드, 버거킹, 써브웨이)의 광고판

광고를 하게 된 배경이다. 이쯤 되면 정말로 궁금해진다. 이 싸움
판에서 진짜 승자는 누구일까.

기회는 준비된 사람에게만 보이는 법

챗GPT를 광고에 어떻게 이용할 수 있을까 고민하던 차에
앞의 맥도날드 광고를 발견했다. 그리고 재치와 센스에 박수를
보냈다. 사실 처음 GPT가 등장했을 때만 해도 신기하긴 한데 정

결국 승자는 각 브랜드의 팬들이 어떻게 응원하느냐에 따라 달라질 것 같네요!

그래도 딱 한 곳이 이긴다면 어딜까?

만약 이 hypothetical 싸움에서 딱 한 곳이 이겨야 한다면, **맥도날드**가 승리할 가능성이 가장 높습니다.

그 이유는 다음과 같습니다:

1. **글로벌 브랜드 파워**: 맥도날드는 전 세계적으로 가장 널리 알려져 있고, 모든 연령대와 문화에서 인지도가 높습니다. 이로 인해 더 많은 지지와 응원을 받을 가능성이 큽니다.
2. **다양한 메뉴**: 맥도날드는 다양한 메뉴와 각 나라에 맞춘 현지화 전략을 통해 많은 고객의 취향을 충족시킵니다. 이는 싸움에서 더 넓은 전략적 유연성을 제공합니다.
3. **충성도 높은 고객층**: 맥도날드는 오랜 역사와 함께한 많은 충성도 높은 고객층을 보유하고 있습니다. 이들은 맥도날드를 적극적으로 지지할 가능성이 높아, 싸움에서 중요한 역할을 할 것입니다.
4. **경제적 힘**: 맥도날드는 경제적으로 가장 강력한 위치에 있으며, 싸움이 장기전으로 이어질 경우 이를 뒷받침할 자원이 풍부합니다.

결국, 맥도날드는 싸움에서 가장 유리한 위치에 있으며, 이길 확률이 가장 높은 브랜드로 보입니다.

'맥도날드, 버거킹, 써브웨이 중 누가 이길까'에 대한 GPT-4o의 답

확도가 떨어져서 활용도가 낮다는 평가가 많았다. 게다가 아이디어를 요청하면 다소 진부한 답을 내놓는 경우도 많았다. 그런 점 때문에 'GPT 활용은 아직 시기상조인가'라는 생각을 하던 차에, 위의 광고 대전을 보며 무릎을 쳤다. 어떤 도구가 등장하든 역시나 활용하기 나름 아닐까. 기회는 준비된 사람의 눈에만 보이는 이유다.

마지막으로 나는 GPT-4o에게 위에 나온 세 개 브랜드가 싸우면 누가 이길지 물었다. 그러자 평화주의자 같은 GPT는 "팬들의 응원에 따라 달라질 것"이라는 진부한 답을 내놔 나를 크게 실망시켰다. 하지만 여기서 물러날 내가 아니다. GPT를 다그치자 마지못해 답을 준다. 그 답은 왼쪽 페이지의 이미지와 같다. 이 싸움을 시작한 맥도날드의 전략은 스마트했던 걸까?

마케터를 위한 팁

- 챗GPT가 처음 등장했을 때, 마케팅에 사용하기는 시기상조라는 의견이 많았다.
- 하지만 맥도날드나 버거킹은 챗GPT를 발 빠르게 활용해 주목을 끌었다.
- 어떤 도구든 활용하기 나름이다. 도구를 탓할 게 아니라 아이디어의 빈곤을 탓하자.

콘텐츠 마케팅의 진화 단계

가트너사에서 개발한 하이프 사이클Hype Cycle은 기술 도입 후 시간의 변화에 따른 기대감을 단계적으로 표현한다. 새로운 기술이 시장에 도입된 초기에 기대감이 정점에 이르렀다가, 실패를 통해 환멸의 단계를 거치고, 다시 성숙에 이르기까지의 과정

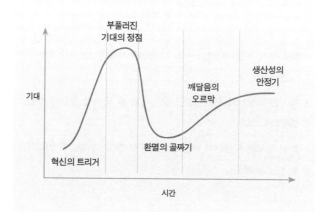

가트너의 하이프 사이클

을 보여준다.[42] 하이프 사이클은 시간이 지나면서 기술이 어떻게 진화할지 예측할 수 있게 해주며, 스마트폰이나 전기차 등 새로운 기술의 시장 도입 과정을 설명하는 데 활용될 수 있다.

유튜브 마케팅의 진화 발전 과정 또한 이 사이클에 대응시켜 설명할 수 있다. 유튜브가 처음 등장해 마케팅 도구로 인정받으며 기대감이 정점에 이르렀다가 실망의 단계를 거쳐, 이제는 실패를 극복하며 성과를 만들어가는 단계로 진보하고 있기 때문이다. 유튜브를 마케팅 무기로 활용하며 흥망성쇠를 겪은 브랜드라면 공감할 수 있는 사이클이라고 생각한다. 그래서 각 단계별로 다음과 같이 이름을 붙여봤다. 혁신의 트리거, 열광의 봉우리, 절망의 계곡, 깨달음의 오르막, 찐팬의 고원이 그것이다.

각 단계의 특징이 무엇인지 짚어보며, 우리 브랜드는 지금 어느 위치에 와 있는지 가늠해보자. 물론 각 브랜드마다 현재 서

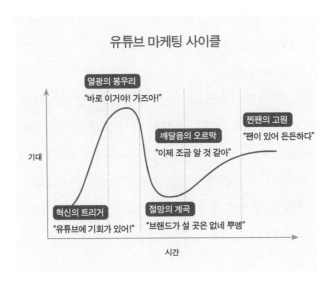

유튜브 마케팅 사이클

열광의 봉우리
"바로 이거야! 가즈아!"

깨달음의 오르막
"이제 조금 알 것 같아"

찐팬의 고원
"팬이 있어 든든하다"

기대

혁신의 트리거
"유튜브에 기회가 있어!"

절망의 계곡
"브랜드가 설 곳은 없네 뿌엥"

시간

있는 위치는 다를 수밖에 없다. 위치가 다르면 보이는 것도 다르고 대응 전략도 달라진다. 각자의 위치에 맞는 대응 전략을 함께 고민해보길 바란다.

유튜브의 진화 사이클

❶ 혁신의 트리거

유튜브가 처음 시장에 소개되고 마케팅 도구로서 가능성을 인정받게 된 건 지금으로부터 약 10여 년 전이다. 지금은 상상하기 어렵지만, 2015년경만 하더라도 유튜브를 마케팅 도구로 활용하는 브랜드는 드물었다. 기업이 보기에 유튜브는 그저 '심심할 때 영상을 보는 사이트' 정도였다. '콘텐츠 마케팅'이라는 용어조차 낯설던 시절, 우리 팀은 당시 최고의 인기 드라마 〈응답하라 1988〉의 설정을 차용해 브랜디드 콘텐츠를 만들었는데, 이 콘텐츠가 유튜브에서 큰 반향을 일으켰다.

성공의 배경에는 아이러니하게도 당시 방송사의 폐쇄성이 있었다. 그때만 하더라도 TV 방송사들은 자사 콘텐츠 클립을 유튜브에 올리지 않았다. TV 영상을 다시 보고 싶다면 홈페이지에서 유료로 보라는 의미였다. 방송사도 콘텐츠 플랫폼이었기에 '누구 좋으라고 유튜브에 공짜로 올려?'라는 생각이 있었던 것이다. 그 덕분에 당시에 '응답하라 1988'을 유튜브에 검색하면 우리

팀이 제작한 브랜디드 콘텐츠만이 검색 결과로 나왔다.

이즈음부터 기업들 중에서 유튜브 콘텐츠로 두각을 나타내는 곳들이 하나둘 나타났다. "이곳에 기회가 있어!"라고 외치며, 브랜드들의 움직임이 달라지는 시기였다. 유튜브라면 그저 광고의 아카이빙 용도로 사용하던 곳들의 관점이 바뀌던 시기였다. 그렇게 기업들은 유튜브 매체 특성에 맞는 콘텐츠를 만들기 시작했다. 몇 분씩 이어지는 장초수 광고와 B급 병맛 광고들이 주목을 받기 시작했다. 가능성을 알아본 브랜드들이 콘텐츠를 적극적으로 생산하기 시작했다.

❷ 열광의 봉우리

그리고 3년 정도 지나 2018년 즈음이 되자 세상이 완전히 뒤집혔다. 그야말로 유튜브 광풍이 불었고 아이, 어른, 할아버지, 할머니 할 것 없이 모두가 유튜브를 즐기는 시대가 되었다. 사람들은 방송에서 볼 수 없었던 과감하고 신선하며 때로는 선을 넘어버린 콘텐츠에 열광했다. 유튜버라는 게 직업이 될 수 있다는 걸 보여주는 시대였고, 끼와 재능과 성실함이 더해진다면 평범한 사람도 우주 대스타가 될 수 있을 것 같았다. 초등학생의 장래 희망에 '유튜버'가 상위권으로 꼽히고, 직장인들이 "나도 그만두고 유튜브나 해볼까"를 입버릇처럼 말하던 시기였다.

이런 상황에서 기업이라고 가만히 있을 리 없다. 사람이 몰려드는 곳엔 언제나 마케터들도 몰려들게 되어 있다. 사람들이 열광하는 무언가에는 그 시대의 욕망이 들끓고 있다. 그리고 그 욕망 안에는 많은 비즈니스 기회가 숨어 있기 마련이다. 이번엔 유튜브였다. 유튜브에 기회가 있었다. 기업들은 너 나 할 것 없이 유튜브에 브랜드 채널을 만들고 콘텐츠를 올렸다.

마치 금광을 찾아 서부로 몰려가던 골드러시 시대 같았다. 한 개로 부족해서 여러 개의 브랜드 채널을 만들어 운영하는 곳도 흔했다. 열 개가 넘는 유튜브 채널을 운영하는 '넥슨' 같은 곳이 대표적이다. 그리고 브랜드 채널에서는 브랜드가 만드는 웹예능과 각종 기업 홍보 영상이 우후죽순 생겨났다. KT의 '와이키키 스튜디오'처럼 브랜드를 가린 채 웃음에 포커스를 맞춘 채널도 있었고, '한화TV' 같은 채널에서는 K9 자주포 새벽배송을 다큐멘터리로 보여주기도 했다. 그렇게 2019~2022년 무렵은 브랜디드 콘텐츠에 대한 기대감이 정점에 이르던 시기였다. 수많은 브랜드 채널이 생기고 오버슈팅을 하게 된 때이기도 했다. 기대감이 절정에 다다른 '열광의 봉우리' 시대였다.

❸ 절망의 계곡

그리고 다시 5년 정도 지나 2023년에 이르자 유튜브 생태계가 조용히, 하지만 분명하게 변화한 듯 보였다. "월 수입 1,000만 원 유튜버!" 같은 화려한 헤드라인은 더 이상 보기 힘들어졌다. 대신 "100만 구독 유튜버도 적자… 수익 내기 어려운 현실" 같은 냉정한 기사들이 뉴스를 채웠다.[43] 직장을 박차고 나와 유튜버의 꿈을 좇았던 이들의 고백도 들려왔다. "회사 다닐 때만큼도 벌지 못해요." 배우나 가수처럼, 유튜버 세계도 결국 소수의 스타들이 수익을 독점하는 구조로 굳어지고 있는 듯하다.

기업이 운영하는 브랜드 채널의 상황도 크게 다르지 않았다. 불과 5년 전만 해도 우후죽순처럼 쏟아지던 브랜디드 콘텐츠들이 이제는 좀 다른 국면을 맞이했다. 마케팅 우수 사례로 꼽히던 기업 채널들 중에서 침묵하는 곳도 보였다. 매주 새로운 콘텐츠를 쏟아내던 채널 중에는 어느새 '마지막 업로드 2년 전'이라는 쓸쓸한 흔적만 남긴 곳도 있다. 하지만 잠깐, 이게 정말 '유튜브의 종말'을 의미할까? 우리는 정말 '절망의 계곡'을 지나고 있는 걸까? 어떤 기업들에게 이는 분명 사실이었다. 더 이상 기업의 웹예능이나 홍보 콘텐츠가 생각만큼 효과를 내지 못한다는 것을 깨닫는 시기였다. 안타깝지만 여전히 이곳에 머물러 있는 브랜드들도 많다.

❹ 깨달음의 오르막

하지만 여기서 우리가 놓치지 말아야 할 중요한 포인트가 있다. 유튜브는 여전히 사람들이 가장 많은 시간을 보내는 미디어 플랫폼이며, 그 시청 시간은 계속해서 증가하고 있다는 사실이다. 앱 분석 서비스 와이즈앱에 따르면 2024년 한국인의 유튜브 월평균 사용 시간은 40시간으로, 조사를 시작한 2019년 이래 최고치를 경신했다. 미국인의 월평균 시청 시간인 24시간, 글로벌 평균인 23시간을 훨씬 웃도는 시간이다.[44] 유튜브의 영향력이 그만큼 우리 일상 속으로 강력하게 파고든 것으로 읽힌다. 초기에는 젊은 층을 중심으로 퍼져나갔다면, 이제는 고령층까지 아우르는 진정한 의미의 대중 매체로 자리 잡은 것이다.

그리고 현재 절망의 계곡을 지나 깨달음의 언덕을 오르고 있는 기업들이 분명히 보인다. 변화의 소용돌이 속에서 기회를 발견하며 콘텐츠 마케팅으로 성과를 이루어내는 이들이다. 토스, 무신사, 컬리 같은 브랜드가 대표적인데, 이들은 흔해빠진 웹예능이나 연예인 체험기 같은 식상한 콘텐츠로 승부를 보지 않는다. 대신 고객들이 많이 찾아볼 만한 콘텐츠나 유튜브 AI 알고리즘이 추천할 수 있는 콘텐츠를 만들어내고 있다. 아마도 이들은 실패한 브랜드들의 사례를 보며 새로운 깨달음을 얻은 게 아닐

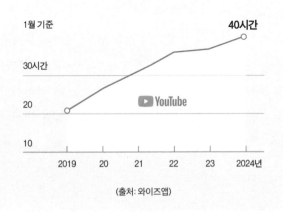

한국인 유튜브 앱 1인당 평균 사용 시간

1월 기준

40시간

30시간

▶ YouTube

20

10

2019 20 21 22 23 2024년

(출처: 와이즈앱)

까. 이들의 콘텐츠는 그저 그런 브랜디드 콘텐츠에 환멸을 느낀 고객들에게 참신하게 다가가고 있다.

변화를 기회로 만들기 위한 전략

지금까지 가트너의 하이프 사이클에 맞춰 유튜브 마케팅의 진화 과정을 살펴봤다. 어떤 브랜드는 유튜브에 불나방처럼 뛰어들어 실망하고 절망의 계곡에 여전히 머물러 있다. 하지만 또 어떤 브랜드는 팬들을 모아가며 열심히 깨달음의 언덕을 오르고 있다. 물론 이 모든 진화의 궁극적인 목표는 찐팬의 고원으로 향하는 것이다. 그것은 우리 모두의 목표점이기도 하다. 그곳에서 브랜드는 팬들의 사랑을 받으며 *끈끈한* 관계 속에서 함께 성장하게 된다. 흡사 유명 연예인과 팬들의 관계처럼 말이다.

그렇다면 깨달음의 언덕을 오르며 성과를 만들고 있는 이들은 뭐가 다른 걸까. 이들은 시장에서 무엇을 보았으며, 어떤 깨달음을 얻어 지금의 성공을 일굴 수 있었을까? 나는 이들이 시장의 변화를 포착하고 그 속에서 기회를 만들었던 점이 주효했다고 본다. 예리한 눈으로 변화를 관찰하고 그것을 활용한 전략이 성과를 이뤄냈으리라 생각한다.

그래서 이제부터는 지금 우리가 꼭 알아야 하는 시장의 변화 두 가지를 이야기해보려고 한다. 변화를 기회로 만들기 위해 과연 우리는 어떤 전략을 세워야 할까. 이어지는 글을 통해 좀 더 자세히 살펴보자.

마케터를 위한 팁

- 콘텐츠 마케팅의 진화 단계를 가트너의 하이프 사이클처럼 5단계로 나눠 살펴볼 수 있다.
- 절망의 계곡을 지나 깨달음의 오르막을 오르는 브랜드들은 소수이지만 분명 존재하고 있다.
- 그들은 어떻게 성공할 수 있었을까?

격변의 콘텐츠 생태계에서
브랜드가 살아남으려면

린백/롱폼 콘텐츠의 부상

유튜브 생태계에서 첫 번째로 눈여겨봐야 할 변화는 '린백 lean back 콘텐츠'의 부상이다. 린백 콘텐츠란 소파에 등을 기대고 TV를 보듯 편하게 소비하는 콘텐츠를 말한다. 자연스럽게 러닝 타임이 긴 영상, 즉 롱폼 영상이 주를 이룬다. 이는 유튜브 초기의 시청 형태였던 '린포워드lean forward'와는 상반된 개념이다. 린포 워드는 양손으로 휴대폰을 쥐고 몸을 앞으로 숙여 적극적으로 콘 텐츠와 상호작용하는 방식이었다. 반면 린백은 등을 기댄 자세를 말하는데, 보다 수동적이고 편안한 시청 형태를 의미한다.

이러한 현상은 최근 들어 유튜브를 TV처럼 이용하는 사람 들이 증가한 것과 관련이 있다. 집에 들어오면 습관적으로 유튜 브를 켜놓고, 다른 일을 하면서 '듣는' 매체로 활용하는 이들이 늘었다는 얘기다. "혼자 있을 때 적막이 싫어서 틀어놓는다"거나 "밥 먹을 때 조용한 게 어색해서 켜둔다"는 이용자들이 바로 그들이다. 실제로 TV에 연결해 유튜브를 시청하는 CTVConnected TV 이용 시간은 매년 증가하고 있으며, 많은 이들이 공부할 때의 백색소음이나 운전 중 라디오 대용으로 유튜브를 활용하고 있다. 이러한 변화 덕에 자연스럽게 러닝타임이 긴 콘텐츠가 떠오르게 된 것이다.

"아닌데, 지금은 숏폼의 시대인데?" 이렇게 반문하는 사람이 있을 것이다. 사실이다. 하지만 숏폼이 사라지고 있다는 말을 하려는 게 아니다. 숏폼이 '대유행'을 하고 있는 이런 시대에 롱폼을 보는 사람들이 늘어나고 있다는 점이 흥미롭다는 얘기다. 실제로 유튜브의 문화 & 트렌드팀 글로벌 디렉터인 케빈 알로카 Kevin Allocca는 다음과 같이 이야기한다. "우리가 전혀 예상치 못한 부분에서도 주목할 점들이 생겨나고 있는데요. 예를 들어 유튜브에서 대화형 동영상 포맷conversational video formats이 점점 더 인기를 끌고 있고, 점점 더 많은 사람들이 유튜브에서 팟캐스트를 시청하고 있다는 점입니다."[45]

언제나 변화의 시작에 주목해야 거대한 흐름을 예측할 수 있다. 지금은 숏폼의 홍수 속에서 롱폼이 지분을 늘려가며, 콘텐츠 길이의 양극화가 일어나고 있는 것이다.

사실 숏폼과 롱폼, 이 둘의 역할은 분명히 다르다. 우리가 대중교통에서 유튜브를 볼 때와 자기 전에 유튜브를 이용하는 방식이 다르듯 각자의 쓸모가 있다. 그래서 이를 똑똑하게 이용하는 채널의 경우, 숏폼은 예고편처럼 사용하고 롱폼을 본방송처럼 활용한다. 숏폼을 롱폼으로 유입시키는 용도로 쓰고, 롱폼을 채널의 팬심을 키우는 용도로 활용한다.

롱폼 트렌드는 통계를 통해서도 나타난다. 구글 코리아에서는 매년 유튜브 인기 콘텐츠를 발표하는데 2023년 인기 콘텐츠 톱10 중 1위는 '차린건 쥐뿔도 없지만' 카리나 편이 차지했다. 해당 콘텐츠의 러닝타임은 약 35분이나 되지만, 조회수는 2,200만 뷰가 넘는다. 3위는 '뜬뜬'의 '설 연휴는 핑계고' 편이다. 이건 러닝타임이 한 시간 정도 되는데 조회수는 1,300만 뷰가 넘는다. 처음 '핑계고'가 등장했을 때는 유난히 느슨한 호흡감이 유튜브에서 보기 드문 방식이라고 생각했다. 대부분의 유튜브 예능은 10~15분 정도의 길이에 빠른 편집감과 현란한 자막 플레이가 기본이었기 때문이다. 그런데 갈수록 '슴슴한' 평양냉면처럼 켜놓고 딴짓하며 듣기 좋다는 생각이 들어서, 이제는 나도 빠짐없이 챙겨 보는 콘텐츠가 되었다.

이러한 롱폼 콘텐츠는 대부분 토크 형태가 많다. 그중에서도 연예인 토크가 많다. 유튜브 공식 블로그에서도 유튜브 트렌드 중 하나로 '셀럽 토크쇼'를 꼽았을 정도다. 친구를 집에 초대해 도란도란 이야기를 나누는 '정재형의 요정식탁'이나, '조현아의 목요일 밤'이 대표적인 사례. 정재형, 조현아와 직접적인 친분이 있는 이들을 중심으로 시작된 콘텐츠이다 보니 이들 사이에서 오가는 대화는 편안하다. 웃기려고 노력한다거나 무언가를 억지로 끌어내기 위해 애쓰는 모습이 없다. 오히려 개인적 친분에서 나오는 '찐텐'과 시간의 퇴적 속에 녹아든 그들의 관계를 엿보는 재미가 있다.

❶ 컬리의 사례

이러한 트렌드를 브랜드가 놓칠 리 없다. 이 같은 연예인 토크쇼 포맷을 가장 영민하게 이용한 사례로 컬리의 '냉터뷰'를 들 수 있다. 이 콘텐츠에서는 덱스, 사나 같은 외모가 빼어난 연예인을 호스트로 내세워 게스트의 냉장고를 '털어'본다. 그리고 후반부에서는 게스트와 함께 요리까지 해보는 구성이다. 콘텐츠의 길이는 평균 30~50여 분에 이른다. 한 시간 정도 되는 콘텐츠도 간간이 보일 정도로 롱폼이다. 사실 구성 자체는 아주 특별할 게 없지만 '훈훈한' 연예인 투샷을 볼 수 있다는 점이 차별점이 될 것

롱폼 트렌드를 영민하게 이용한 컬리의 사례
(출처: 유튜브 일일칠 채널)

같다. 그래서인지 냉터뷰가 업로드되는 '일일칠' 채널의 일평균 조회수는 71만 뷰나 된다. 이 긴 영상을 매일같이 보는 횟수가 무려 70만이 넘는다는 의미다. 콘텐츠별 평균 좋아요는 1만 개에 달하고 댓글 수는 400여 개다.[46] 브랜드가 만든 채널이라고 믿기 어려울 정도로 큰 성공이다.

흥미로운 점은 컬리가 콘텐츠 안에서 자사 브랜드를 언급하지 않는다는 점이다. 자세히 보지 않으면 이게 컬리가 운영하는 채널인지 알기 어려울 정도다. 단지 후반부에 요리 재료를 소개하며 자사몰에 랜딩될 수 있는 링크를 올려둘 뿐이다. 한 가지 더 있다면 자사의 브랜드 컬러인 보라색을 일관되게 사용하고 있다는 점이며, 자사가 추구하는 고급스러움을 영상의 톤 앤드 매너에 담아내고 있다.

또 한 가지 특이한 부분이 있는데, 콘텐츠 안에서 타사의

[덱스의 냉터뷰] 별에서 온 원영이의 모든 것🎬I EP.29 장원영 편

 일일칠 - 117 ✓
구독자 49.6만명

조회수 710,670회 17시간 전 최초 공개 #덱스 #장원영 #냉터뷰
원영이는 전생에도 공주?👑 워녕공주와 함께 한 TMI 파티🎉
원영이랑 수다 떠는 게 너~무 재미있어서 역대급 분량이자냥?🐱🤍

🦐원영이의 최애템 소고기부터🥩
건강 생각한 간식까지 모~두 들어있는 장원영템 만나러가기👉
https://we.kurly.com/dex3_wonyoung_pr...

🎁 장원영이 쏘아 올린 구독자 선물! 🎀30% 할인 쿠폰🎀 받아가세요💜
https://we.kurly.com/dex3_jwy_coupon

컬리는 자사 콘텐츠에 자사 홍보를 직접 하지 않는다.
대신 위와 같이 자사 몰로 랜딩되는 링크를 걸어둘 뿐이다.
(출처: 유튜브 일일칠 채널)

PPL을 한다는 점이다. 즉, 컬리의 브랜드 콘텐츠인데 타사 광고를 하고 있다는 말이다. 브랜드 간의 콜라보나 협업과는 분명히 다른 행보다. 진짜로 타사의 광고를 해주고 있다. 마케팅업계에서 불문율처럼 여기는 부분까지 과감하게 넘어서며 컬리가 하고 싶었던 것은 뭘까. 물론 어마무시한 셀럽 출연료를 감당하려는 의도도 있겠지만, 나는 좀 더 장기적인 관점에서 다른 계산이 있다고 본다. 컬리는 일일칠 채널을 단순한 마케팅 도구가 아닌 독립적인 콘텐츠 플랫폼으로 발전시키려는 계획이 있어 보인다.

콘텐츠 비즈니스는 일단 고객이 모이고 나면, 뭘 해도 되는 네트워크 효과가 적용된다. 그러니까 일단 냉터뷰의 팬이 생기고 나면 그 뒤로는 우리 브랜드와 우리 상품을 판매할 수도 있지만, 콘텐츠 자체가 돈을 버는 비즈니스가 될 수 있다는 말이다. 앞선 글에서 유튜브 생태계 안에서 브랜드는 콘텐츠 제작사가 되어야 한다는 말을 했다. 컬리는 바로 그러한 관점으로 자기만의 로드맵을 하나씩 실행해나가고 있는 게 아닐까. 앞으로 일일칠 채널이 어떤 모습으로 진보할지, 과연 깨달음의 언덕을 올라 팬과 함께하는 평온의 고원에 도달하게 될지 함께 지켜보자.

❷ B tv의 사례

이러한 린백/롱폼 트렌드가 만들어낸 또 하나의 경향성이 바로 교양 콘텐츠의 부상이다. 대표적인 사례는 바로 SK브로드밴드가 운영하고 있는 'B tv 이동진의 파이아키아' 채널이다. 이 채널은 영화평론가 이동진이 출연해 최신 영화나 콘텐츠는 물론 《총, 균, 쇠》, 《사피엔스》 같은 소위 '벽돌책'을 리뷰하기도 한다. 그런가 하면 제임스 카메론 감독이나 조여정 배우의 인터뷰 콘텐츠도 있다. 이동진 원톱으로 끌고 가는 종합 교양 채널로 볼 수 있다. 이 채널은 2020년 9월부터 시작해 지금까지 수년간 동일한 콘셉트로 운영해오고 있는데, 콘텐츠별 평균 좋아요는 4,000개, 평균 댓글 수는 약 500여 건에 달한다.[47] 브랜드가 운영하는 교양 콘텐츠임을 감안할 때 상당히 높은 수치다. 그래서인지 가입자 증가 수치를 보면 꾸준히 상향 중임을 알 수 있다. 화려한 셀럽들이 등장해 다양한 콘텐츠를 쏟아내고 있는 이 생태계에서 이렇게 조용하고 진중한 콘텐츠가 좋은 반응을 얻고 있다는 점이 놀랍다.

흥미로운 점은 브랜드가 운영하는 채널임에도 상품을 강력히 홍보하거나 세일즈 메시지를 내세우지 않는다는 것이다. 진행자인 이동진은 B tv서비스가 왜 좋은지, 혹은 B tv를 통해 어떤

B tv가 운영하는 '이동진의 파이아키아' 채널

혜택을 볼 수 있는지 굳이 소개하지 않는다. 대신 콘텐츠의 내실을 다지기 위해 부단히 노력하는 편이다. 영화를 깊게 파고드는 이들이 봐도 흥미를 가질 수 있을 만한 탄탄한 구성이다. 그런 영화 리뷰는 SK브로드밴드가 진행하는 IPTV 사업의 본질과도 연관성이 높다. 따라서 영화 리뷰라는 콘텐츠 제작에 브랜드의 진심을 담을 수 있다. 그뿐만 아니라 이 브랜드는 해당 분야에서 실제 비즈니스를 하며 쌓아온 역량과 네트워크를 가지고 있다. 그렇기에 오랜 시간 이 콘텐츠를 끌고 갈 수 있었던 것이다. 정리하자면 성공의 핵심은 바로 브랜드가 가진 본질적 역량과의 '연관성', 그리고 그것을 꾸준히 이어갈 수 있는 '지속성'이 아니었을까.

물론, 해당 채널에서 B tv의 광고가 아주 없는 것은 아니다. 영상 상단에 B tv 브랜드를 노출하고 있고, 영상 중간에 중간 광고처럼 B tv의 상품을 소개하기도 한다. 하지만 영상 전체의 맥락을 볼 때 몰입을 해치는 수준은 아니다. 오히려 '워크맨'이나 '전과자' 같은 유튜브 예능 콘텐츠의 중간 광고보다 순한 맛에 가깝다. 브랜드가 운영하는 채널이기에 상품 홍보는 필연적일 수밖에 없는데, 그래서 더더욱 적정선을 유지하는 것이 중요하다. 이 채널의 사례는 바로 그 적정선이 어느 지점인지 잘 보여주고 있다. 여기서 결코 잊지 말아야 할 점은 콘텐츠 경쟁력이 분명하게 받쳐줘야 한다는 것이다.

지금까지 린백/롱폼의 경향성과 함께, 그것을 활용한 컬리와 B tv의 사례를 살펴봤다. 이들은 자신만의 방법으로 성과를 만들며 깨달음의 언덕을 오르고 있는 것으로 보인다. 시장의 변화에 안테나를 세우고 고민한 시간만큼 스스로 진보를 일궈내지 않았을까. 이들의 성공은 바로 그러한 노력의 결과라고 본다.

빅 플레이어의 참여

다음으로 유튜브 생태계에서 주목할 만한 변화는 바로 빅플레이어들의 대거 유입이다. 시장에 새바람을 일으키고 있는 이들은 단순히 다른 경쟁자들을 자극할 뿐인 메기일까, 아니면 막대한 영향력을 발휘하는 키플레이어일까. 이들의 영향력이 강해지며 유튜브 생태계는 한 단계 다른 차원으로 성숙해지고 있는 듯 보인다. 이들이 과연 누구인지, 그리고 또 어떤 영향을 미치고 있는지 함께 살펴보자.

❶ 셀럽
먼저 유튜브 생태계에 등장한 셀럽에 대한 얘기부터 해보자. 이들은 이미 기존의 방송 활동을 통해 대중적 인지도라는 강력한 무기를 갖추고 있다. 여기에 외모와 입담이라는 매력 자본, 카메라 앞에서의 자연스러움, 대중의 취향을 꿰뚫는 감각까지 겸비했다. 셀럽들에게 유튜브는 곧 자신만의 방송사를 차리는 것과 다름없다.

김종국의 '짐종국' 채널은 단 한 명이 촬영과 편집을 도맡아 하지만 구독자는 300만이 넘는다. 강민경, 신세경, 성시경 같은 이들도 그간 유튜브를 꾸준히 운영해온 것으로 유명하다. 2024년에는 최화정과 한가인이 새롭게 합류해 화제를 모으기도 했는데, 최화정은 상당수 콘텐츠가 조회수 100만을 넘기고, 한가인은 인기 급상승 동영상 1위를 하기도 했다. 추성훈은 유튜브 시작 약 4개월 만에 구독자 수 160만을 넘겼다. 방송에서는 볼 수 없었던 이들의 새로운 모습에 시청자들이 반응하고 있는 것이다. 무엇보다 이들의 가장 큰 강점은 바로 출연료가 들지 않는다는 점이다. 자신의 채널이니 초상권도 무제한으로 활용할 수 있다. 다른 제작사들이 연예인 섭외를 위해 막대한 출연료를 지불하는 것과 비교하면, 이는 엄청난 경쟁력이다. 게다가 대단한 기획이 없다 해도 스타의 일상 자체가 콘텐츠가 된다. 추성훈은 정리 안 된 자신의 집을 공개하는 것만으로 조회수 900만 회를

매력 자본을 앞세운 셀럽들이 유튜브로 몰려온다.
(출처: 유튜브 '추성훈' 채널)

넘겼을 정도다.

❷ 스타 PD

다음으로 주목할 빅 플레이어는 스타 PD들이다. 나영석 PD는 '채널 십오야'를 개설해 '나불나불', '뉴욕뉴욕' 등 유튜브 전용 콘텐츠를 선보였다. 김태호 PD는 'TEO'라는 채널을 개설해 장도연이 진행하는 '살롱드립'이라는 토크 콘텐츠를 성공시켰다. 게다가 KBS 〈해피투게더〉를 연출했던 김광수 PD는 '차린건 쥐뿔도 없지만'을 제작해 화제를 모으기도 했다. 이들뿐만 아니라 지상파와 케이블 방송의 기획·연출 전문가들이 속속 유튜브에 진출하고 있다. 이들은 탄탄한 기획력과 제작 노하우를 바탕으로 새로운 환경에서 성과를 만들어가고 있는 중이다.

물론 유튜브가 주목받은 데는 TV와 전혀 다른 시각, 색다른 시도 등 참신성이 크게 한몫했다. 바로 그런 맛에 유튜브를 보기

스타 PD들이 유튜브에 뛰어든 지도 벌써 한참이 지났다.
(출처: 나영석 PD의 유튜브 '채널 십오야' 채널)

도 했고 말이다. 그렇다 보니 나영석 PD는 유튜브를 배우겠다며 침착맨의 채널을 방문하기도 하고, '피지컬갤러리'에서 김계란을 만나기도 했다. 방송계의 거장들이 유튜브의 문법을 하나씩 체화해가는 모습이다. 그리고 우리는 그들의 노력이 헛되지 않았음을 그들이 만든 콘텐츠의 성공을 통해 확인하고 있다. 이렇듯 평생 기획과 연출을 업으로 해온 사람들이 유튜브 생태계로 뛰어든다는 것은 이 세계가 한 단계 더 성숙해진다는 의미가 된다. 아울러 이 세계도 그리 호락호락하지 않게 변해가고 있음을 알 수 있다. 이제는 단순히 열정과 아이디어만으로는 성공하기 어려운 시장이 된 것이다.

❸ 전문 제작사

마지막 빅 플레이어는 전문 제작사다. 전통 미디어 기업들이 유튜브 시장에 본격적으로 뛰어들었다. JTBC는 '스튜디오 룰루랄라'를, CJ E&M은 '스튜디오 와플'과 '사피엔스 스튜디오'를, MBC는 '14F'를, SBS는 '스브스뉴스'를 개설해 유튜브 전문 채널로 활발하게 운영 중이다.

돌이켜보면 유튜브는 TV의 대항마로 성장했다. TV에서는 상상도 할 수 없었던 파격적인 시도가 가능했고, 평범한 개인도 자신만의 아이디어로 스타가 될 수 있었다. 하지만 판도가 바뀌고 있다. 시청자들의 유튜브 시청 시간이 TV를 압도하기 시작했고, 특히 젊은 세대는 유튜브와 넷플릭스 같은 OTT 플랫폼의 콘텐츠만 시청하기에 이르렀다. 상황이 이렇다 보니 자연스럽게 전통 미디어 기업들도 이 시장에 뛰어들 수밖에 없다. 앞서 스타 PD들이 독립해 성공한 것처럼, 이제는 기업 차원의 대규모 투자가 시작된 것이다.

이들의 무기는 강력하다. 탄탄한 자본력은 기본이고, 수십 년간 쌓아온 인적 네트워크와 제작 경험, 그리고 방송 인프라까지. 미디어업계의 큰손이라 할 만하다. 처음에는 새로운 플랫폼에 적응하는 데 시간이 걸릴 수밖에 없었지만, 이제는 그들만의 저력을 제대로 보여주기 시작했다. 전문 인력, 스타 섭외력, 제작 노하우, 그리고 긴 호흡의 투자가 가능한 자본력까지 동원하며 빠르게 입지를 다지고 있다.

결과적으로 유튜브는 이제 거대한 '올스타전' 무대가 되었다. 1인 크리에이터의 신선함, 스타 PD들의 기획력, 그리고 대형

JTBC의 '스튜디오 룰루랄라', CJ E&M의 '사피엔스 스튜디오',
SBS의 '스브스뉴스', '비디오머그', MBC의 '14F', KBS의 '크랩'

미디어 기업의 자본력이 한데 어우러진 각축장이 된 것이다. 빅 플레이어들의 등장으로 이제 콘텐츠의 질은 높아지고 경쟁은 더욱 치열해질 수밖에 없다. 고객의 눈높이는 올라가고 재미있는 볼거리는 더욱 많아지게 된 것이다.

변화를 포착할 안테나 세우기

유튜브 생태계에서 일어나고 있는 두 가지 변화를 살펴봤다. 첫 번째 변화는 린백/롱폼 콘텐츠의 부상이었다. 이는 브랜드가 어떤 콘텐츠로 고객에게 다가가야 할지에 대한 통찰을 준다. 두 번째 변화는 빅 플레이어의 증가였다. 유튜브 환경이 이제는 거대한 미디어 생태계로 진화했으며 경쟁이 더욱 심화되었다는 의미다.

이런 변화를 보면, 기업 브랜드로서 우리는 분명 곤란한 상황에 처했다. 각 분야 고수들이 총출동한 이 판에서 우리도 두각을 나타내야 하는데, 이게 말처럼 쉽지 않은 상황이기 때문이다. 그렇다면 어떻게 해야 할까. 많은 브랜드가 그랬던 것처럼 절망의 계곡에 머물러야 하는 걸까. 아니면 이 판을 아예 떠나버려야 할까. 그건 선택지가 될 수 없다. 이곳에는 여전히 많은 기회가 있기 때문이다. 고객들은 여전히 이곳에서 무수한 시간을 보내고 있으며, 매일같이 주목받는 콘텐츠가 등장하고 있다.

그렇다면 깨달음의 언덕을 오르기 위한 우리 브랜드만의 전략은 무엇일까.

변화를 예민하게 포착할 수 있는 안테나를 세워보자. 그리고 그 변화를 기회로 전환할 우리만의 무기는 무엇인지 고민해보자. 물론 상황을 한 번에 반전시킬 요술 같은 무기는 세상에 없다. 이 글을 통해 그게 무엇인지 한 번쯤 생각해보길 바란다. 미래는 늘 준비된 이들에게 먼저 올 수밖에 없다. 그런 의미에서 소설가 윌리엄 깁슨William Gibson의 말로 글을 마무리하고자 한다.

"미래는 이미 와 있다. 단지 고르게 퍼져 있지 않을 뿐이다 The future is already here. It's just unevenly distributed."

마케터를 위한 팁

- 격변의 유튜브 생태계에서 브랜드가 살아남으려면 변화의 흐름을 읽어야 한다.
- 린백/롱폼 콘텐츠에 대한 수요가 늘고 있는데, 컬리와 B tv는 이를 잘 이용한 사례다.
- 유튜브는 이미 미디어 산업의 각축장이다. 브랜드는 콘텐츠의 질로 이들과 승부해야 한다.

어떻게
원하는 것을
얻을 수 있을까

11장

생성형 AI로 고객 경험을
설계하는 브랜드

　게이미피케이션Gamification은 게임적 메커니즘을 게임이 아닌 곳에 적용하는 것을 의미한다. 문제 해결을 위해 보상, 경쟁, 레벨업 등 흥미로운 장치를 활용해 참여자의 몰입을 유도한다. 예컨대 이를 학습 과정에 적용해보면 재미없는 문제 풀이에 청각적 피드백(음향 효과), 타이머, 목표 달성 배지, 실시간 점수 집계와 리더 보드 등의 요소로 재미라는 떡밥을 뿌리는 것이다. 어떻게 해서든 사람들을 참여시키려는 고민과 노력이 담겨 있는 묘수라고 할 수 있다.

　마케팅 분야에서도 예외 없이 이 방법을 활용한다. 광고라고 하면 학을 떼는 사람들이 많은데, 그들에게 우리 광고 좀 알아봐 달라고 해봐야 결과는 뻔하다. 그렇다 보니 마케터들도 재미라는 묘수를 어떻게 쓸지 고민한다. 특히나 다양한 유인 동기로 고객의 참여를 이끌어낼 수 있다면 효과는 배가된다. 이번 글은 그렇게 참여의 재미를 십분 끌어올리고자 노력한 브랜드에 대한 이야기다. 바로 코카콜라의 사례다. AI를 통해 고객의 시선을 사로잡고 고객 경험을 설계하기까지의 과정을 자세히 살펴보자.

코카콜라의 '마스터피스'

코카콜라는 AI를 다양한 방식으로 마케팅에 활용하며 교과서적인 사례를 만들고 있다. 그중 '마스터피스Masterpiece'라는 영상은 AI로 얼마나 완성도 높은 광고를 만들 수 있는지 보여준다. 내용은 이렇다. 영상 속 주인공은 미술관에서 그림을 그리려다 말고 몽상에 빠진다. MBTI의 N 영역이 최대치까지 올라간 사람이었는지, 명화 속 주인공들이 코카콜라병을 잡아 던지는 상상을 한다. 피카소, 뭉크, 고흐가 그린 그림들이 차례로 등장하며 해당 그림 속 인물들이 콜라병을 잡아 들고 서로에게 던져준다.

다양한 고전 명화에 현대적 코카콜라의 모습이 절묘하게 녹아드는 모습이 장관이다. 콜라가 있어서는 안 될 공간(예컨대 고흐의 침대 위)에 콜라를 재현해냄으로써 맥락을 파괴하고 위트를 만든다. 영상 속 잘 알려진 미술 작품은 저마다 시대도 다르고 화풍도 달랐다. 그런데 코카콜라는 각 작품의 화풍으로 코카콜라의 모습을 이질감 없이 재현해냈다. 그래서 일단 보기 시작하면 넋을 놓고 보게 된다. 코카콜라는 이 영상을 위해 생성형 AI 스테이

코카콜라의 '마스터피스' 영상

https://www.youtube.com/watch?v=VGa1imApfdg&t=1s

블 디퓨전을 사용했다고 한다. 과거에는 많은 비용과 긴 시간을 들여 완성되던 작업을 AI를 통해 혁신적으로 구현한 것이다.

코카콜라의 '크리에이트 리얼 매직' 캠페인

코카콜라는 여기에 그치지 않는다. '마스터피스' 같은 콘텐츠로 고객의 눈을 사로잡은 한편, 고객을 참여시켜 브랜드 경험을 제공하기도 한다. 생성형 AI를 활용한 공모전을 열어 고객이 만든 디지털 예술 작품을 출품할 수 있게 한 것이다. 코카콜라는 '크리에이트 리얼 매직Create Real Magic' 캠페인을 위해 챗GPT와 달리의 기능을 결합해 이미지 생성형 AI 플랫폼을 개발했다. 그간 코카콜라가 마케팅에 활용했던 북극곰과 산타, 독특한 폰트 등을 해당 플랫폼에서 손쉽게 활용할 수 있게 한 것이다. 고객은 간단한 텍스트 입력만으로 코카콜라와 연관된 이미지를 만들어 볼 수 있었다.

생성형 AI가 처음 등장했을 때, 많은 이들이 한 번쯤 사용해 보고 싶은 호기심이 들었을 것이다. 하지만 AI 플랫폼에 가입하고 프롬프트에 익숙해져야 하며, 때로는 유료로 구독을 해야 하는 번거로운 과정은 분명한 장애물이었다. '굳이 그렇게까지 해서 생성형 AI를 경험해야 하나'라는 생각이 들 수 있는 것이다. 그래서 AI를 경험해보고 싶은 욕망과 장애물을 넘어야 하는 번거로움 사이에 있는 고객들을 위해, 브랜드는 절충점을 찾아낸 것 같다. 번거로움을 없애고 이벤트 페이지에서 단순한 텍스트 입력 한 번으로 결과물을 만들 수 있게 했으니 말이다.

그런데 마케터가 이런 이벤트를 설계할 때 가장 두려워하는 부분이 있다. 그건 바로 고객의 참여율이다. 누군가는 호기심에 참여할 수 있고, 또 누군가는 그냥 재미로 한번 해볼 수도 있지만, 핵심 타깃을 제대로 끌어들이기 위해서는 분명한 유인 동기가 있어야 한다. 바로 '보상'이 필요한 것이다. 입맛 싹 도는 경품은 기본이지만, 단순히 경품만으로는 약하다. 그 이상의 무언가가 있어야 한다.

그렇다면 코카콜라는 과연 어떤 보상을 심어뒀을까? 이걸 좀 더 살펴보면 코카콜라가 뭘 원하고 있는지, 그리고 핵심 참여

코카콜라의 '크리에이트 리얼 매직' 캠페인[48]

자들은 누가 될지 예상할 수 있다. 코카콜라는 우수작의 경우 타임스 스퀘어 옥외광고로 활용할 계획이라고 밝혔다. 또한 참여자 중 30명을 선발해 코카콜라와 오픈AI가 함께 주최하는 AI 아카데미에 참여할 수 있게 했다. '경쟁적' 요소를 통해 '레벨'을 나누고 '보상'하는 것이다.

그런데 코카콜라가 광고를 걸어주는 것에 큰 관심을 갖는 이들은 누구일까? 생성형 AI 워크숍에 참여할 수 있는 것을 혜택으로 느끼는 이들은 또 누구일까? 아마도 그런 스펙이 필요한 업계 지망생 또는 디자이너나 인플루언서가 아닐까 싶다. 어떤 식으로든 마케팅 현장에서 영향력을 발휘할 수 있는 이들이다. 코카콜라는 바로 이들을 붙잡고 싶었던 것으로 보인다. 이들의 입을 통해 자사의 마케팅 활동이 확산되길 바랐을 것이다. 바로 AI의 등장과 함께 AI를 활용한 디지털 아티스트들이 태동하고 있는 시점에 말이다.

그런 면에서 코카콜라가 설계한 이 이벤트는 흥미롭다. 우리는 다양한 SNS와 미디어들의 흥망성쇠를 지켜봤다. 그리고 그러한 플랫폼과 함께 떠오른 스타들을 잘 알고 있다. 마이크로 인플루언서로 시작해 글로벌하게 영향력을 떨치는 이들을 오늘도 마주하고 있다. 코카콜라는 AI라는 플랫폼이 주목받기 시작할 때 든든한 아군을 만들고 싶었던 것이 아닐까. 물론 브랜드가 주최하는 일회성 행사를 통해 인플루언서들의 마음을 얻을 수 있는 것은 아니다. 하지만 마케팅이란 관계를 지속해나가는 과정이다.

그런 맥락에서 코카콜라는 이런 캠페인을 통해 관계의 시작을
만들어가고 있는 것으로 보인다.

르노의 '리인벤트 트윙고' 캠페인

유사한 사례를 한 가지만 더 살펴보자. 르노 역시 이미지 생
성 AI를 활용해 고객의 참여를 이끌어냈다. 콤팩트카 '트윙고'의
30주년을 기념해 나만의 트윙고 이미지를 만들어보는 캠페인
'리인벤트 트윙고Reinvent Twingo'를 통해서다. 누구나 생성형
AI를 활용해 나만의 트윙고를 만들어 참여할 수 있었는데, 우수
작은 실제 자동차로 만들어질 수도 있다고 했다.
완성차업체에서는 각종 전시를 통해 자사의 콘셉트카를 공
개한다. 그때마다 미래적인 디자인과 과감한 시도로 주목받기도
하지만, 팬들 사이에서는 갑론을박이 벌어지기도 한다. 르노의

나만의 트윙고를 만드는 캠페인
(출처: 르노 홈페이지)49

캠페인은 더 이상 아쉬운 마음을 갖지 말라는 의도였을까. 캠페인을 통해 르노는 누구나 자신의 상상력으로 이야기할 수 있는 기회의 장을 마련했다. 르노의 사례는 AI 활용의 고객 참여가 단순한 마케팅 캠페인을 넘어 제품 개발 프로세스의 일부가 될 수 있음을 보여준다.

재미와 동기 부여하기

브랜드는 항상 고객의 관심과 참여를 필요로 하지만, 그것을 얻는 일은 그리 호락호락하지 않다. 세상에는 재미있는 게 너무나 많아서, 고객은 굳이 브랜드가 만드는 지루한 것들에 관심을 가질 틈이 없다. 그렇기에 브랜드는 마케팅 활동에 '재미'라는 양념을 뿌리기도 하고, 꼭 참여해야 하는 '동기'를 만들어주기도 한다.

AI를 통한 색다른 경험이 '재미'를 만드는 요소였다면, 내가 만든 AI 작품을 타임스 스퀘어에 걸어준다는 보상은 참여를 위한 '동기'가 된다. 요즘 그렇게 핫한 오픈AI와 손잡고 생성형 AI에 대한 교육을 해주겠다면 그 또한 업계 사람들에겐 메리트가 된다. 그렇게 코카콜라라는 자사에 우군이 될 핵심 타깃들을 차곡차곡 모으는 설계를 했다.

'대체 이런 이벤트는 왜 여는 거지?'라고 생각하는 사람이 있을지도 모르겠다. 하지만 그 안에서도 이러한 메커니즘이 정교하게 설계된 기계처럼 돌아가고 있다. 물론 그렇게 치밀하게 설계해도 냉랭한 고객의 마음을 붙잡는 건 말처럼 쉬운 일이 아니다. 하물며 정교하게 기획되지 않은 캠페인은 굳이 말할 필요도 없다. 감이나 요행에 기대는 건 마케터가 아니라 제사장의 역할이다. 물론 요행이 한두 번은 통할지도 모른다. 하지만 우리의 목표는 대중과 한두 번 만나는 것이 아니다. 고객과 꾸준한 관계를 쌓아나가는 것. 그렇게 우리를 지지해주고 심지어 우리의 생각과 관점에 공감하는 팬을 만드는 것. 그것이 바로 마케팅의 본질이자 우리가 일하는 이유다.

6부 어떻게 원하는 것을 얻을 수 있을까

마케터를 위한 팁

- '게이미피케이션'이란 게임적 메커니즘을 게임이 아닌 곳에 적용해 재미를 높이는 방식이다.
- 코카콜라는 생성형 AI로 참여의 재미를 높이고 핵심 타깃을 포섭하려는 설계를 했다.
- 우리 브랜드의 핵심 타깃과 꾸준한 관계를 쌓기 위해, 재미와 동기를 부여할 방법은 무엇일까.

어떻게 원하는 것을 얻나

아이스티에 에스프레소 샷을 추가해 먹는 레시피가 SNS에서 돌았던 것도 한참 전이다. 이른바 '아샷추' 레시피인데, 아이스티의 단맛과 커피의 씁쓸한 맛의 믹스 앤드 매치가 포인트다. 쓴맛 때문에 단맛이 극대화된다는 평도 있지만 담배 맛이 난다는 혹평도 있다. 그럼에도 불구하고 알 수 없는 묘한 호기심에 이끌

정식 출시된 아샷추 메뉴

린 이들이 많은 건 분명하다. 나도 한번 먹어보자며 알음알음 주
문해 먹던 게 이제는 어엿하게 정식 메뉴로 등장했으니 말이다.

그런데 문득 궁금해진다. 과연 아샷추 레시피를 처음 시작한
사람은 누구였을까. 단맛과 쓴맛을 섞어 먹으며 알 수 없는 미소
를 짓던 그! 그와 같은 사람을 우리는 미치광이 과학자, 아니 선
구자라고 한다. 어쨌든 그런 선구자 덕에, 아이스 아메리카노로
점철된 지루한 음료 시장에 새바람을 일으킬 수 있었다. 식음료
시장은 늘 새로운 먹거리 조합을 찾기 위해 골머리를 앓는데, 아
샷추가 신선한 바람임은 분명했다.

버거킹이 생성형 AI를 활용하는 법

이 같은 신선한 변화는 버거킹도 원하는 바였다. 느슨해진
버거 시장에 다시 긴장감을 줄 신메뉴가 필요했고, 그 해답을 찾
기 위해 고민을 거듭하고 있었다. 그래서 재야의 고수들에게 물
어보려 한 걸까. 버거킹은 무려 100만 달러(약 14억 원)의 상금을
걸고 새로운 버거 레시피를 공모하는 프로모션을 진행했다. 참가
자는 세 개에서 여덟 개의 재료를 선택해 나만의 창의적인 토핑
을 제안하면 된다.

버거킹은 바로 이 공모에서 AI를 활용했다. 자사의 홈페이
지에 구현해놓은 생성형 AI를 활용, 원하는 토핑을 그저 텍스트

로 입력하면 된다. 그럼 그에 맞는 이미지가 생성되는 식이다. 화
려한 배경과 잔망스러운 음악도 추가된다. 이러한 AI는 스테이

버거킹의 밀리언 달러 와퍼 콘테스트

블 디퓨전을 기초로 구현했다고 한다. 어쨌든 그렇게 창의적인 토핑을 입력하면 '짠' 하고 세상에 없던 버거 이미지가 생겨난다. 물론 이렇게 만들어진 결과물을 본인의 SNS에 올릴 수도 있다.

여기서 놓치지 말아야 할 점은 버거킹이 왜 이런 프로모션을 했는가다. 이슈를 만드려고? 선호도를 높이려고? 진짜 새로운 메뉴가 필요해서? 다 좋지만 그러려고 단 한 번의 이벤트에 100만 달러를 쓰기는 쉽지 않아 보인다. 눈여겨봐야 할 점은 이 이벤트에 참여하려면 해당 사이트에 가입을 해야 한다는 것이다. 고객 참여나 이슈화가 목적이었다면 어떻게 해서든지 참여 허들을 낮추는 게 필수다. 예컨대 간단한 클릭 한 번으로 커다란 재미를 주면서 SNS에 자동 노출되는 식으로 말이다. 그렇게 한다 해도 참여자 수를 늘리는 건 정말로 쉽지 않다. 정말 정말로 쉽지 않아서 실제로 이런 프로모션은 실무자에게 공포로 다가온다. "오늘은 몇 명 참여했니?"라고 묻는 이사님의 얼굴을 매일 아침 마주해야 하는 것. 그게 얼마나 괴로운 일인지 나는 잘 안다.

그런데 이런 상황에서 버거킹은 커다란 허들을 만들어두었다. 회원 가입이라는 허들 말이다. 아이디를 만들고 비밀번호를 입력하고 확인 비밀번호를 한 번 더 입력하고 기타 개인정보를 입력하는 지루한 과정을 거쳐야 한다는 말이다. 그러다가 뭔가 조건에 안 맞으면 다음 단계로 진행도 안 된다. 생각만 해도 스트레스 지수가 높아지는데, 과연 버거킹은 이 이벤트를 성공시킬 수 있었을까.

이벤트의 진짜 목적은 따로 있다

이 모든 과정을 고려할 때 이번 프로모션의 가장 큰 목적은 이슈화보다는 개인정보 수집이었을 가능성이 높다. 개인정보 활용이 점점 더 민감한 이슈가 되어가니 차라리 이런 방식을 통해 돈을 주고 구매하는 것이다. 물론 한 사람당 10달러씩 주고 10만 명을 모을 수도 있겠지만, 버거킹은 소수에게 100만 달러를 주는 화끈한 방식을 택했다. 당연하게도 100만이라는 숫자가 만드는

버거킹의 밀리언 달러 와퍼 콘테스트 광고
(출처: 버거킹 유튜브 채널)

https://www.youtube.com/watch?v=Zdz8DI3DOLO&t=27s

상징성과 함께 마케팅의 본질인 이슈화도 노려볼 수 있었다.

버거킹이 이토록 개인정보를 열심히 모으는 까닭은 점점 더 개인정보와 관련된 데이터를 수집하기 어려워지는 환경을 고려해 서다. 애플의 사파리 브라우저는 기본적으로 사용자 동의 없이 서 드 파티third party 사업자에게 개인정보를 공유하지 않는다. 구글 도 2024년부터 단계적으로 쿠키를 금지하려고 했다. 물론 그 계획 은 백지화되었지만 언제 또 개인정보 이슈가 불거질지 모른다.

사실 과거에는 쿠키 정보를 활용해 맞춤형 광고를 할 수 있 었다. 햄버거를 검색했거나 가까운 버거킹을 검색한 고객을 대상 으로 타깃광고를 할 수 있었던 것이다. 그런데 이처럼 쿠키를 기 반으로 한 광고는 이제 점점 어려워지고 있다. 이런 상황에서 브

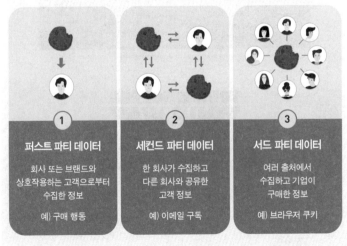

출처에 따른 데이터 분류

① 퍼스트 파티 데이터
회사 또는 브랜드와
상호작용하는 고객으로부터
수집한 정보
예) 구매 행동

② 세컨드 파티 데이터
한 회사가 수집하고
다른 회사와 공유한
고객 정보
예) 이메일 구독

③ 서드 파티 데이터
여러 출처에서
수집하고 기업이
구매한 정보
예) 브라우저 쿠키

(출처: https://www.rebelmouse.com/what-is-first-party-data)

랜드가 직접 수집한 고객 정보의 가치는 점점 더 중요해질 전망이다. 이른바 퍼스트 파티 데이터first party data의 가치가 점점 높아지는 것이다. 구할 수 없다면 우리가 직접 모은다는 관점이다. 그 때문에 버거킹은 이 같은 프로모션을 진행하며 번거로운 고객 가입 절차를 굳이 둔 것이다.

그렇다면 생성형 AI의 활용은? 그야말로 목적을 달성하기 위한, 한 가지 재미있는 수단으로 활용한 것 아닐까. 이슈도 만들고 고객 정보도 수집할 수 있다면 일석이조라고 생각했을 것이다.

페스팅거의 인지부조화 실험

여기서 우리가 잊지 말아야 할 점은 개인정보 수집을 위한 버거킹의 창의적인 접근법이다. 기업의 마케팅 활동은 분명한 목적을 가져야 한다. 단순히 개인정보 수집에 동의해달라거나, 광고성 목적의 정보 사용에 동의해달라고 하며 선물을 줬다면 어땠을까? 그에 대한 답을 위해 인지부조화 이론으로 유명한 심리학자 레온 페스팅거Leon Festinger의 고전적 실험[50]을 소개하고 싶다. 이 실험은 고객이 커다란 보상을 명확하게 인지할 때 태도 변화가 잘 일어나지 않는다는 사실을 밝히고 있다. 실험 내용은 이렇다.

실험에 참가한 사람들은 우선 지루한 작업을 하도록 요청받았다. 그 후 참가자들은 해당 작업이 즐거웠다는 말을 하도록 요청받았다. 그러니까 거짓말을 하도록 요청받은 셈이다. 참가자를 두 그룹으로 나누어 한 그룹에는 거짓말의 대가로 20달러를 줬고, 다른 그룹에는 1달러를 줬다. 결과는 어땠을까? 20달러를 받은 그룹은 자신이 거짓말을 한 것에 대한 정당성(보상)이 충분했다고 느꼈기에 인지부조화를 크게 겪지 않았다. 돈 받고 거짓말해준 것뿐이니 합리적인 상황이라고 생각한 것이다. 따라서 태도도 바뀌지 않았다.

그런데 1달러를 받은 그룹은 달랐다. 거짓말이라는 행동을 한 것에 대한 보상이 충분치 않았기에 인지부조화를 많이 느꼈다. '내가 겨우 1달러에 거짓말을 할 사람은 아니지 않나?'라는 생각을 했을 수 있다. 결국 1달러 그룹은 행동(거짓말)에 맞춰 스스로 태도를 바꾼 사람이 많았다. '아냐. 실제로 이 작업은 즐거웠어'라고 생각을 바꾸며 인지적 불편감을 줄였다.

이를 기업 이벤트에도 적용해볼 수 있다. 이벤트를 진행할 때 고객에게 '충분한 보상'을 주면 고객은 이렇게 생각할 수 있다. '이건 선물을 주니까 참여한 거지. 실제 이 이벤트에 참여하는 건 내 관심 밖이야.' 같은 맥락에서 보상은 최소화하고 고객을 참여시킬 때, 오히려 고객의 태도는 변할 수 있다는 결과가 나오기도 한다. '사실 내가 이벤트에 참여한 건 이렇게 작은 선물 때문이 아냐. 내가 스스로 하고 싶어서 한 거지. 난 이렇게 작은 선물에 시간과 감정을 파는 사람이 아니니까.' 고객들은 이런 자기합리화 과정을 거치며 인지적 불편감을 줄일 수 있다. 스스로 합리적이지 못한 사람이라는 인지부조화를 견디기보다는 태도 변화라는 좀 더 편한 방법을 선택하는 것이다.

즐겁게 참여시키기

따라서 기업이 고객에게 무엇인가 바라는 게 있다면 현명하게 요청할 필요가 있다. 거래를 하듯이 "내가 이런 선물을 줄 테니까 너는 나한테 이걸 줘"라고 말하는 건 '하수'에 가깝다. 그리고 그런 비즈니스 관계에서 고객은 항상 불만족스러울 수밖에 없다. 나의 소중한 시간을 지불할 만큼의 만족을 주긴 쉽지 않을 테니 말이다.

우리가 버거킹 프로모션을 통해 배워야 할 점은 '버거킹이 원하는 걸 얻는 방식'이다. AI를 통해 재미를 만들어내며 참여하고 싶게 판을 깔아주는 설계! 치밀하게 계산해 고객의 태도를 자연스럽게 바꾸는 설계를 본받아야 한다. 버거킹의 이런 노력에 박수를 보내며 이번 글을 마무리하려 한다.

마케터를 위한 팁

- 쿠키 정보 활용이 어려워지고 있기에 퍼스트 파티 데이터의 중요성은 점점 커지고 있다.
- 버거킹은 생성형 AI를 게임처럼 설계함으로써 고객의 자연스러운 참여를 이끌었다.
- 어떻게 원하는 걸 얻는가? 큰 보상이 항상 좋은 것은 아니다. 즐겁게 참여시키는 것도 좋은 스킬이다.

쿠키리스Cookie-less 시대와
광고의 미래

P 씨는 일요일 밤이 되자 가슴이 답답해졌다. 내일 회사에 갈 생각을 하니 당연하다. '이번 프로젝트만 끝나면 퇴사해야지. 도저히 못 참겠다.' 그렇게 생각하며, 프랑스 남부의 어느 한적한 휴양지를 찾아보다 잠이 들었다. 자명종 소리에 정신이 번쩍 깨 허둥지둥 지하철에 오른 P 씨. 습관적으로 휴대폰으로 뉴스를 보는데, 프랑스 남부의 호텔 광고가 뜬다. 가는 사이트마다 배너광고가 가관이다. 여행을 가지 않으면 큰일이라도 날 듯 재촉하고 오늘이 마지막 기회라며 채근한다. 채권을 추심하러 온 대부업자처럼 집요하게 독촉하는 광고들. 이쯤 되니 현실에서 도망치고 싶은 건지 호텔 광고에서 도망치고 싶은 건지 헷갈릴 정도다.

P 씨는 가상의 인물이지만 실제로 이런 경험은 흔하다. 적어도 우리 모두 한두 번 이상 겪어본 일이다. 오죽하면 나이키 배너광고를 없애는 유일한 방법은 아디다스를 검색하는 것이라는 말

이 있을 정도다. 물론 그때부터는 아디다스 광고와의 싸움이다. 사실 이 모든 게 가능한 건 우리의 온라인 활동 기록이 어딘가에 남아 있기 때문이다. 누군가 그걸 들여다보고 있다고 생각하면 그리 유쾌한 기분은 아니다. 사람들의 그런 마음을 알아서일까. 애플은 사파리에서 쿠키 추적을 금지하고 개인정보 보호 강화 방침을 발표하기도 했다. 구글도 이에 질세라 쿠키 사용을 점진적으로 금지하겠다는 발표를 했다.

스마트폰 양대 OS에서 이런 발표를 했으니 이제 좀 안심해도 되는 걸까? 그럼 좋겠지만 상황은 그리 호락호락하지 않다. 연간 약 680조 원이 넘는 엄청난 글로벌 디지털 광고 시장이 없어지진 않을 테니 말이다. 그리고 맞춤형 광고를 하고 싶은 광고주들의 욕구는 더욱 커질 테니 무슨 수를 써서든 방법을 찾겠지 싶다. 그 무슨 수는 과연 무엇일까. 맞춤형 광고의 작동 원리부터 좀 더 자세히 살펴보자. 그리고 앞으로의 디지털 광고 시장은 어떤 변화를 맞이하게 될지 예측해보자.

맞춤형 광고의 작동 원리

앞서 살펴본 맞춤형 광고가 작동할 수 있는 것은 바로 '쿠키'와 '광고 ID' 때문이다. 쿠키는 우리가 웹사이트를 방문할 때마다 자동으로 생성되는 작은 데이터 파일을 말한다. 마치 쿠키를 먹으며 걸어가면 부스러기가 떨어지듯 우리가 인터넷을 돌아다니면서 남기는 디지털 흔적이라는 의미다. 그렇다면 쿠키는 무엇을 기록할까? 우리가 검색한 내용, 클릭한 상품, 장바구니에 담은 물건, 심지어 로그인 정보도 포함한다. 예를 들어 아이폰 케이스를 검색하고 몇 개의 제품을 클릭해 살펴보았다면 이 모든 행동이 쿠키에 기록되는 식이다.

한편 모바일 앱에서는 조금 다른 방식이 사용되는데, '광고 ID'라는 식별 코드를 활용한다. 아이폰 사용자라면 IDFAIdentifier for Advertisers, 안드로이드 사용자라면 ADIDAndroid Advertising ID가

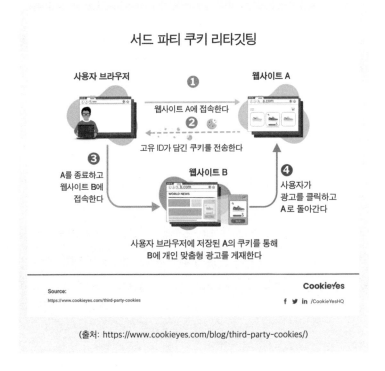

(출처: https://www.cookieyes.com/blog/third-party-cookies/)

각각의 스마트폰에 부여되는데 이는 마치 모바일 기기의 고유 번호판 같은 역할을 한다. 가령 내가 모바일 쇼핑 앱에서 러닝화를 검색했다면 이 정보는 나의 광고 ID에 매핑되어 기록된다. 이후 다른 앱을 사용할 때도 이 광고 ID를 통해 나의 관심사를 파악하고 관련 광고를 보여줄 수 있게 되는 것이다.

결국 쿠키와 광고 ID는 우리가 어떤 사이트를 방문했고 무엇을 클릭했으며 어떤 것에 관심을 보였는지를 추적하는 데 사용된다. 그리고 지금까지 이런 정보는 개인정보를 제외한 상태로 메타 같은 광고주나 광고 회사에 제공되어 왔다. "뭐라고요? 그럼 제 행동이 전부 다 광고 회사에 넘어갔다고요?" 이런 반응을 보이는 이도 있을 것이다. 하지만 당신의 정보는 '익명화'되어 전달된다. 쉽게 말해 광고주는 '어떤 사람이 아이폰에 관심이 있다'는 것은 알 수 있지만, 그 어떤 사람이 당신인지 나인지는 전혀 알 수 없다. 마치 가면무도회에서 누군가의 춤추는 모습은 보이지만 그 사람이 누구인지는 모르는 것과 같다. 이 때문에 광고 ID를 개인정보로 보긴 어렵다. 게다가 광고 ID는 사용자가 원할 때마다 초기화할 수 있다. 어제까지 A12345라는 번호로 활동하던 사람이 오늘부터는 B54321로 활동할 수 있는 것이다. 독자 여러분도 아래 순서대로 따라 해보면, 내 스마트폰의 광고 ID를 지금 바로 바꿀 수 있다.

내 모바일 기기의 광고 ID 확인하고 재설정해보기(안드로이드 단말)
설정 → Google → 모든 서비스 → 광고 → 이 기기의 광고 ID

따라서 엄밀히 말해 광고 ID는 개인정보가 아니다. 하지만 그래도 뭔가 찜찜한 기분이 든다. 비록 광고 ID라는 가면 뒤에 있지만, 마치 누군가 가면 쓴 내 모습을 보고 있는 느낌이 든달까. 게다가 행동 패턴을 통해 성적 취향이나 정치적 성향 같은 민감한 정보를 유추할 수 있다는 문제가 생기기도 한다.

이런 정서적 반감이 커질수록, 개인정보 보호는 더욱 중요한 화두가 되어가고 있다. 그러다 보니 이제 기업들이 "저희는 개인정보를 안 봐요!"라고 외치는 것만으로는 부족하다. 더 투명하고, 더 안전하고, 더 신뢰할 수 있는 방식으로 데이터를 다뤄야 하는 상황이다. 결국 이 모든 것은 디지털 시대의 새로운 도전이 되었다. 광고 사업자는 고객의 데이터가 꼭 필요하지만 개인정보도 보호해야 한다는 압박이 점점 커지는 것이다. 양립하기 어려운 가치로 보이지만, 미묘한 균형을 맞추기 위해 노력하는 이들은 분명히 있다. 다음 사례를 좀 더 살펴보자.

개인정보는 어디까지 활용될 수 있나

'우리는 당신의 프라이버시를 지킵니다!'

첫 포문을 연 것은 애플이었다. 애플은 2020년 3월 사파리 브라우저에서 서드 파티 쿠키 사용을 차단하더니, 2021년 4월에는 iOS 앱 추적까지 막아버렸다. iOS 앱이 다른 앱의 사용 내용을 추적하지 못하게 한, 이른바 애플의 앱 추적 투명성 정책ATT, App Tracking Transparency이 발표된 것이다. 마치 디지털 세상에 프라이버시 보안관이 등장한 것처럼 말이다. 이러한 조치로 애플은 유저의 동의 없이 웹과 앱의 활동 기록을 제3자가 이용할 수 없도록 했다. 애플이 그토록 개인정보 보호를 강조하며 관련 광고를 지속적으로 펼치고 있는 배경이기도 하다.

사실 이러한 조치는 프라이버시를 중시하는 고객 입장에서는 잘된 일이지만, 쿠키를 사용해 광고를 하던 디지털 광고업계에는 크나큰 문제다. 당장 쿠키를 사용할 수 없다면, 어제까지 진행해오던 맞춤형 광고를 지금 멈춰야 하는 상황이 만들어질 수 있으니 말이다. 디지털 광고업계가 난색을 표한 것도 이 때문이다. 메타의 데이브 웨너Dave Wehner 최고전략책임자CSO는 애플의 앱 정책으로 인한 매출 손실액이 2022년에 약 100억 달러(약 12조 원)에 달할 것이라고 말하기도 했다.[51]

애플의 개인정보 보호 정책 발표 이후, 구글도 가만히 있을 수는 없었다. 구글은 크롬 브라우저에서 쿠키를 단계적으로 퇴출하겠다고 발표했다. 이 말이 현실화될 경우, 사실상 광고 회사 등 제3자가 쿠키를 이용하는 일은 전면 금지되는 것이나 다름없다. 모바일 폰 OS의 양대 산맥이라 할 수 있는 애플과 구글이 모두 서드 파티 쿠키를 막는 것이기 때문이다.

하지만 구글의 쿠키 사용 금지 계획은 2024년 7월에 철회되었다. 쿠키를 폐지하려던 계획이 4년 만에 전면 백지화된 것이다. 구글은 대신 "사용자의 선택권을 높이는 방식을 제안한다"라고 밝혔다.[52] 쿠키를 중단하는 대신 크롬에서 웹브라우징 전반에 적용되는 정보를 선택할 수 있게 한다는 것이다. 쉽게 말해 '쿠키를 켜거나 끌지 여부' 등을 사용자가 결정할 수 있게 한다는 말이다.

구글이 이 같은 결정을 한 데는 어떤 배경이 있을까. 서드 파티 쿠키 사용 금지는 결과적으로 구글의 독점적 지위를 강화할 수 있다는 점이 하나의 원인으로 보인다. 2021년 1월 영국 경쟁시장청CMA의 언급을 보자. CMA는 "구글이 서드 파티 쿠키를 제한할 경우 시장 경쟁을 저해하는 경우에 해당할 수 있다"라고 밝혔다. 이에 따라 CMA는 구글의 독점적 지위에 대한 조사를 시작했다고 한다. 구글은 미국에서도 반독점Antitrust Laws 관련 법정 공방이 오가고 있는데, 이러한 이슈가 지속해서 불거질 경우 부담이 될 수밖에 없다.[53] 이런 상황에서 쿠키 사용을 전면 금지할 경우, 관련 정보를 구글이 독점하는 모양새가 될 수 있다. 자본주의 시장경제 체제에서 독점적 지위는 사회적 손실을 발생시키는 시장 실패 요인으로 꼽히기에 법으로 엄격하게 제한하고 있다. 만약 법원에서 독점적 지위가 인정되면, 최악의 경우 회사가 몇 개로 쪼개질 수도 있다는 말이 나오는 이유다. 실제로 미국에서는 마이크로소프트나 스탠더드 오일이 반독점법에 따라 여러 회사로 분리된 일이 있었다. 기업 입장에서는 오싹해질 수밖에 없는 일이다.

아울러, 쿠키를 금지할 경우 그에 따른 매출 손실이 발생할 수 있다. 쿠키를 사용해 광고 사업을 하는 디지털 광고 사업자들은 구글에 일종의 중개료를 지불한다. 그들의 수익이 높아진다면 구글의 수익 또한 높아질 수 있는 것이다. 그런데 그들의 매출이 무너진다면 업계가 강력히 반발할 것은 물론이고, 생태계가 무너질 수 있다. 이는 구글의 매출에도 분명 마이너스 요소다. 결국 이 모든 상황을 고려해 구글은 현실적인 선택을 한 것이 아닐까. 물론 애플의 사파리에서는 서드 파티 쿠키 제공이 되지 않으므로 개인정보에 민감한 고객들은 크롬을 떠날 수도 있다. 또한 개인정보 보호 문제와 관련된 비판은 더욱 거세질 수 있다. 이는 앞으로 구글이 헤쳐나가야 할 과제로 보인다.

그래서 앞으로 어떻게 될까

2024년 구글의 서드 파티 쿠키 이용 금지 철회에 따라, 디지털 광고업계는 한시름 놓은 것 같다. 우선은 지금까지 하던 대로 쿠키를 통한 맞춤형 광고를 지속할 수 있을 테니 말이다. 그럼에도 불구하고 이번 사건은 디지털 광고를 쿠키에만 의존하기 어렵다는 현실을 광고업계가 자각하는 계기가 되었다. 프라이버시 이슈가 점점 더 중요해지면서 언제 또 쿠키 이슈가 불거질지 모를 일이다. 게다가 애플 사용자에게는 쿠키를 통해 광고 도달을 할 수도 없다. 구글이 서드 파티 쿠키 사용을 열어줬지만 마케터에게 쿠키란 여전히 반쪽자리 해결책일 수밖에 없는 이유다.

그렇다 보니 각 기업은 이제 스스로 데이터를 확보해야 하는 상황에 내몰리게 되었다. 이른바 퍼스트 파티 데이터의 중요성이 점점 부각되고 있는 것이다. 그동안에는 쿠키 데이터를 통해 맞춤형 광고를 했다면, 이제는 자사 몰을 통해 인입된 고객 정보를 확보해야 한다. 그게 아니라면 앞서 소개한 버거킹의 사례처럼 이벤트를 통해 우리 상품에 관심 있는 고객의 데이터를 직접 모아야 하는 것이다. 직접 수집한 퍼스트 파티 데이터는 우리 상품에 관심을 가진 고객을 직접 관리할 수 있다는 큰 장점이 있다. 자사 몰에서 고객이 무엇에 반응하고 어떤 것을 좋아하는지를 고려해 그들에게 맞는 오퍼를 제공할 수도 있다. 장기적 관점에서는 기업과 고객이 관계를 쌓아가며 함께 성장하는 발판을 마련할 수 있다.

직접 퍼스트 파티 데이터를 확보하기 어려운 상황이라면, 고객 정보를 이미 확보하고 있는 플랫폼 사업자를 활용하는 것도 방법이다. 이를테면 유튜브 광고를 통해 구글의 DB를 활용할 수 있다. 유튜브에서는 광고주의 입맛에 맞게 다양한 맞춤형 광고 상품을 고도화해나가고 있으니 원하는 상품을 골라보는 것도 방법이다. 이를 활용하는 것은 쉽고 간편한 방법이며, 방대한 데이터를 즉시 이용할 수 있는 길이다.

하지만 이 방법을 따르면 기업들이 플랫폼에 좀 더 의존할

수밖에 없다. 따라서 온라인에서 비즈니스를 하는 기업 입장에서
는 투 트랙 전략을 이용하는 것이 현실적이다. 자사 몰에 인입된
고객의 퍼스트 파티 데이터를 확보해 마케팅 기반을 마련하는
한편 구글 같은 플랫폼 사업자의 광고 상품을 이용하는 것이다.

고객 데이터의 전략적 활용

지금까지 우리를 그림자처럼 따라다니는 맞춤형 광고의 비
밀을 파헤쳐봤다. 쿠키와 광고 ID가 무엇인지 살펴보고, 어떻게
우리의 온라인 활동을 추적하는지 이야기했다. 디지털 광고업계
가 우려했던 쿠키리스 시대는 일단 오지 않았지만, 시대의 바람
이 바뀌고 있는 건 분명하다. 프라이버시 보호라는 거센 바람이
디지털 광고의 지형도를 언제든지 흔들 수 있다는 점을 우리는
잘 알고 있다. 이런 변화 속에서 마케터가 놓치지 말아야 할 것은
무엇일까?

우리 기업의 진짜 자산은 고객과의 직접적인 관계라는 사실
이다. 그렇기에 퍼스트 파티 데이터의 중요성은 더욱 커질 수밖
에 없다. 물론 구글과 같은 거대 플랫폼의 데이터 활용도 병행해
야 한다. 그렇게 브랜드와 고객이 자발적으로 만나고, 서로를 이
해하고, 관계를 쌓아갈 수 있는 기반을 마련해야 한다.

프라이버시 이슈로 고객 정보를 얻는 일은 점점 더 어려워

질 것이다. 하지만 그럴수록 고객 데이터의 가치는 더욱 커질 것
이다. 결국 승패는 고객 데이터를 얼마나 현명하게 확보하고, 전
략적으로 활용하느냐에 달렸다.

마케터를 위한 팁

- 프라이버시 이슈가 점점 더 강화되며 고객 정보를 얻는 것은 점점
  더 어려워질 전망이다.
- 따라서 기업이 직접 데이터를 모으는 '퍼스트 파티 데이터'의 중요
  성이 더 높아질 것이다.
- 플랫폼이 제공하는 광고 상품을 병행하는 전략도 함께 펼쳐야 한다.

AI의 파도에 올라타라

마케터 G 씨는 택시를 잡아 탔다. 광고 촬영장에 가기 위해서였다. '오늘은 장소 이동도 많고, 대기 시간도 길 텐데, 이럴 때 운전을 할 줄 알고 내 차가 있으면 얼마나 좋을까.' G 씨는 생각했다. 그는 벌써 수년째 장롱면허에서 탈출하려고 주행 연습을 하고 있지만 뜻대로 되지 않았다. 도로 주행이 부담스럽기도 한데, 결정적으로 본인의 차가 없어 운전할 기회도 많지 않았다.

'그렇다 보니 당장은 택시가 편한데….'

하지만 계속해서 택시만 타고 다닐 수는 없는 노릇이었다. 차가 가진 잠재력은 택시와 비할 바가 못 된다는 걸 그도 잘 알고 있었다. 차가 있으면 원할 때 언제든지 쓸 수 있고 장거리 여행도 가능하다. 캠핑이나 골프처럼 장비를 챙겨야 하는 취미도 가질 수 있다. 그래서 주행 연습 시간을 틈틈이 늘리려 했다. 그런데 그게 늘 뜻대로 되지 않는다는 게 문제였다. 바쁘고 정신없는 일상에 쫓기다 보면, 당장에 택시가 주는 편리함과 효율성을 버리기가 쉽지 않다. 씁쓸한 마음을 안고 오늘도 그가 택시에 오른 이유였다.

생각해보면 익숙한 방식대로 살고 싶어 하는 우리 모습은 G 씨와 크게 다르지 않다. 매일같이 마케팅 업무를 하지만, AI를 활용하고 그것을 통해 성과를 내려 하면 어쩐지 불편하다. 새로운 것을 배워야 하고 아직 완벽하지 않은 AI의 모습도 자꾸 보인다. 그렇다 보니 익숙한 방식대로 일을 하게 되는 것이다. G 씨가 자꾸 택시를 타듯 말이다. 물론 당장은 택시를 타는 것이 효율적이고 편리하다. 앉아서 목적지만 말하면 바로 데려다주니까. 하던 대로 하는 방식은 리스크 적고 예측 가능하며 당장의 효율을 극대화할 수 있다. 하지만 AI는 자가운전 이상으로 크나큰 잠재력을 지니고 있다. 당장은 불편할지 몰라도 자꾸 활용하며 사용 범위를 넓혀가다 보면 새로운 길을 발견할 수 있다. AI를 도입하고 활용한다는 것은 마케팅이라는 지도에 완전히 새로운 경로를 추가하는 일이다.

AI는 어떻게 마케팅의 무기가 되나

이 책을 통해 이야기하고 싶었던 것을 딱 세 가지로 정리하자면 다음과 같다.

첫째, 생성형 AI로 성과를 만들어가는 브랜드가 분명 있다는 사실을 보여주고 싶었다. 변화를 인식하고 변화의 물결에 올라타 성과를 만들어내는 브랜드가 있다는 사실은 우리에게 많은 영감을 준다. 나이키는 머신러닝 기법을 활용해서 불가능한 대회를 열어 이슈를 만들었다. 오렌지는 딥페이크 기술로 여자 축구에 대한 선입견을 무너트렸다. 코카콜라는 생성형 AI를 활용해 고객의 참여를 이끌었다. 이들이 AI로 기회를 발견하고, 변화를 주도하며, 기존의 규칙을 재정의한 사례들을 직접 보여주고 싶었다. AI는 단순한 기술이 아니라, 새로운 마케팅 시대를 열어가는 강력한 도구라는 점을 확인했길 바란다.

둘째, 작은 것이라도 꼭 직접 실행해봤으면 한다. 챗GPT, 미드저니, 소라 같은 도구를 이용해 작은 시도부터 시작해보길 강력히 추천한다. 간단한 캠페인 아이디어 개발이나 콘텐츠 생성에 적용해보는 경험이 AI의 잠재력을 이해하는 가장 빠른 길이기 때문이다. 가령 챗GPT를 활용해 캠페인 슬로건을 작성해보았다면, 그 결과물을 뜯어보며 AI의 한계와 가능성을 동시에 발견할 수 있다. 단순하고 기계적인 문구에서 아쉬움을 느낄 수도 있지만, 반대로 생각지도 못했던 아이디어에 깜짝 놀랄 수도 있다. 미드저니를 통해 SNS 콘텐츠를 직접 제작하며 AI가 얼마나 빠르게 트렌디한 이미지를 생성할 수 있는지 확인해보는 것도 좋은 방법이다. 이 과정에서 중요한 것은 작은 시도들이 결국 큰 변화를 이끄는 시작점이 될 수 있다는 점이다. 마케팅 분야에서 AI가

갖는 잠재력을 이해하고, 이를 자신의 업무에 적용해보는 과정은 지금 우리 모두에게 주어진 배움의 기회다.

셋째, 본질은 '브랜딩'이란 점을 잊어선 안 된다. AI는 무기일 뿐이다. 브랜드 스토리를 더 효과적으로 전달하기 위한 도구다. AI 자체에 경도되어 모든 걸 AI로 처리한다거나 AI를 이용했다는 것 자체에 큰 의미를 부여하는 경우를 종종 보게 되는데, 이러한 태도는 본질이 무엇인지 망각한 채 현상만 좇는 행동이다. 프롤로그에서 언급한 어리석은 제자 같은 행동일 수 있다. 실제로 앞서 소개한 브랜드 사례에서도 확인할 수 있듯이, 브랜드 철학이 공고한 곳들이 AI를 통해 성공적인 캠페인을 만들 수 있다. 도브의 경우 20여 년 넘게 쌓아온 리얼 뷰티 캠페인의 무기로 AI를 활용했다. 나이키 또한 다르지 않다. 스스로의 한계를 극복하는 히어로의 모습은 나이키가 수십 년간 꾸준히 이야기해온 브랜드 스토리와 맞닿아 있다. 결국 AI라는 도구를 잘 사용하기 위한 핵심은 브랜드 자체의 철학과 가치를 갖고 그것을 지켜나가는 일이라는 점을 잊지 말아야 한다. 그렇다면 지금 우리 브랜드가 지켜야 할 가치와 전해야 할 메시지는 과연 무엇일까. 그것이 바로 우리가 집요하게 파고들어야 할 본질적 도전이자 과제다.

내가 추천하는 AI는

나 또한 이 책을 쓰면서 AI를 직접 활용해보려고 노력했다. 글을 쓰고 책을 내며 유용하다고 생각했던 AI를 세 가지만 소개하려 한다.

첫째, '챗GPT(https://chatgpt.com/)'다. 이는 기획 단계에서 유용하다. 하나의 주제를 정하고 아이디어를 개발하며 생각을 펼쳐나가는 데 도움이 된다. 예컨대 '고객을 관여시키는 방법'에 관한 글을 쓴 적이 있다. GPT에게 관련 내용을 물었더니 여러 가지 방법을 제안해주었는데 그중에 '챗봇AI'를 활용하라는 의견이 있었다. 사실 거기까지는 생각하지 못했었는데, 좋은 아이디어인 것 같아 해당 내용을 실제 본문에 추가했다. 또한 설득력 있는 글을 쓰기 위해서는 다양한 근거 자료가 필요한데, 이때 관련 기사나 사례를 찾는 데 챗GPT를 활용할 수 있었다. 물론 해당 내용이 실제로 존재하는지 더블 체크를 해야 하는 번거로움이 있다. 하지만 구글 검색에서는 불가능했던 맥락 검색을 할 수 있다는 점이 큰 장점이다. "이런 거 말고, 사회 실험으로 해당 이론을 증명한 사례가 있다면 더 찾아줘"와 같은 요청을 할 수 있다는 말이다.

둘째, 구글의 '노트북 LM(https://notebooklm.google/)'이다. 이건 내가 업로드한 논문이나 기사 안에서만 답을 해준다. 통상 글을 쓸 때 AI를 사용하면 가장 아쉬운 부분이 바로 할루시네이션이다. 없는 내용도 그럴듯하게 꾸며서 써주고, 세상에 존재하지 않는 논문도 마치 있는 것처럼 인용해서 끌어오곤 하는데, 노트북 LM은 그렇지 않다. 오직 내가 업로드한 자료 안에서만 답을 한다. 그러다 보니 대화 내용을 신뢰할 수 있어서 좋다. 책 집필이나 논문 작성 등 신뢰성이 중요한 글을 쓸 때 특히 유용하다. 게다가 단순히 질문에 답만 해주는 게 아니라, 업로드한 자료를 바탕으로 일종의 오디오 방송을 만들어준다. 첨부한 자료를 기반으로 두 명의 진행자가 대화를 주고받는 형식이다. 여러 편의 논문이나 기사를 오디오 방송으로 압축해 들어볼 수 있다는 점이 신기하고 재미있다.

셋째, '클로드(https://claude.ai/)'다. 이 도구는 이미 쓴 글의 초안을 매끄럽게 만드는 데 유용하다. 한 편의 글을 완성하기 위해서는 글을 매끄럽게 만드는 윤문이라는 작업을 해야 한다. 읽기 편한 글로 만들기 위해 여러 번 소리내 읽으며 문장 구조나 표현을 바꾸는 과정이다. 이른바 글을 '빼는' 작업을 말하는데, 빼면 뺄수록 읽기 편한 글이 되는 건 사실이다. 그렇다 보니 적당한 시점에 글을 보내주지 못하고 몇 주 동안 주구장창 빼기만 할 때도 한다. 그럴 때 피로감이야 말할 것도 없고 '도르마무' 같은 일상에 질려버릴 수 있다. 더 최악인 건 같은 글을 계속 보다 보면 글에 완전히 빠져버려서 이게 좋은지 나쁜지 어려운지 복잡한지 감을 못 잡게 되는 지경에 이른다는 점이다. 그럴 때 이미 쓴 원고를 클로드에 넣고 윤문을 해달라고 하거나, 보완해야 할 부분을 알려달라고 할 수 있다. 그러면 이 AI 조언자는 냉철하게 판단해 의견을 주기도 하고 직접 글을 다듬어주기도 한다. 그렇게 하면 미처 보지 못했던 부분을 보게 되는 경우도 종종 있다.

물론 AI가 다시 써준 글을 모두 그대로 본문에 활용하기에는 무리가 있어 보였다. AI가 수정을 하며 문체가 달라지는 부분도 있었고, 글이 길어질수록 동어반복 같은 오류가 보이기도 했다. 얼핏 보면 그럴싸하게 작성된 문장인데, 자세히 따져보면 무슨 말인지 도무지 이해가 안 가는 문장도 눈에 띄었다. AI는 주어진 문장을 다양한 관점에서 분석하여 맥락을 파악하지만, 그 맥락에 기반하되 최종적으로는 결국 높은 확률을 가진 단어를 출력하기 때문이다. 그래서 아직은 AI가 쓴 글을 그대로 활용하기보다는, 말하고자 하는 내용에 맞춰 다시 수정하는 작업이 필요하다. 그러므로 AI는 내 일을 대신 해주는 사람이라기보다는 내 일에 도움을 주는 조력자로 활용하기에 적합해 보인다. 이것이 내가 글쓰기에 AI를 활용해본 결론이다.

컴포트존을 벗어날 준비가 되었는가

이 글의 서두에서 AI를 이용하는 것은 마치 운전을 배우는 일과 같다는 이야기를 했다. 당장 편안하고 효율적인 방법에서 벗어나 AI를 학습하고 실무에 적용해보는 것은 번거롭고 귀찮은 일일 수 있다. 그러나 중요한 것은 거대한 흐름을 경험하고 활용하려는 태도다.

이 책이 새로운 길로 나아갈 독자들에게 하나의 지도이자 동력이 되었기를 바란다. 당신의 차를 몰고 새로운 길로 떠날 시간이다. 어디로 갈지, 어떤 길을 선택할지는 당신에게 달렸다. 이제 당신은 컴포트존을 벗어날 준비가 되었는가?

주

1 https://originality.ai/ai-content-in-google-search-results

2 라즐로 갈 〈알파 애비뉴(Alpha Avenue)〉 인터뷰 기사. https://alphaavenue.ai/spotlight/laszlo-gaal/

3 데이비드 블라고예비치의 링크드인. https://www.linkedin.com/feed/update/urn:li:activity:7247562883532759040/

4 김그륜 채널. https://www.youtube.com/@kimgryun

5 Ad Age, "Fake Volvo ad made with AI stirs marketers—the creator offers 5 tips for using text-to-video tools", 2024.

6 Leonardo Nicoletti and Dina Bass, 〈HUMANS ARE BIASED. GENERATIVE AI IS EVEN WORSE〉, Bloomberg, 2023. https://www.bloomberg.com/graphics/2023-generative-ai-bias/

7 로이터, "Insight – Amazon scraps secret AI recruiting tool that showed bias against women", 2018. https://www.reuters.com/article/world/insight-amazon-scraps-secret-ai-recruiting-tool-that-showed-bias-against-women-idUSKCN1MK0AG/

8 https://x.com/karpathy/status/1733299213503787018

9 조수용, 〈매거진 B〉 83호 유튜브, 2020.

10 On YouTube's recommendation system, 유튜브 공식 블로그, 2021. https://blog.youtube/inside-youtube/on-youtubes-recommendation-system/

11 같은 글.

12 Tennis.com,"Serena Williams records that may never be broken: A Career Golden Slam in singles AND doubles", 2022. https://www.tennis.com/news/articles/serena-williams-unbreakable-records-career-golden-slam-singles-doubles

13 나이키 캠페인을 실행한 AKQA 스튜디오 홈페이지. https://www.akqa.com/work/nike/never-done-evolving/

14 Scott Magids, Alan Zorfas, and Daniel Leemon, "The New Science of Customer Emotions", Harvard Business Review the November 2015 issue. https://hbr.org/2015/11/the-new-science-of-customer-emotions

15 Ralf Van Der Lans, Rik Pieters and Michel Wedel (2008). "Eye-movement analysis

of search effectiveness", Journal of the American Statistical Association, 103(482), p.452–461.

16 Norton, Michael I., Daniel Mochon, and Dan Ariely. (2011). "The IKEA Effect: When Labor Leads to Love", Journal of Consumer Psychology 22 (3) (July): 453–460. https://dash.harvard.edu/bitstream/handle/1/12136084/norton%20mochon%20 ariely%20third%20round%5b1%5d.pdf?sequence=3&isAllowed=y

17 Freedman, J. L., & Fraser, S. C. (1966). "Compliance without pressure: The foot-in-the-door technique", Journal of Personality and Social Psychology, 4(2), 195–202. https://doi.org/10.1037/h0023552

18 Festinger, L. (1957). A Theory of Cognitive Dissonance. California: Stanford University Press.

19 유튜브 광고의 시퀀스 캠페인 구성. https://support.google.com/google-ads/answer/9172870?hl=ko

20 IT동아, "게티이미지, 인공지능 사진 생성 도구에 '2,268조 원' 소송 제기", 2023. https://it.donga.com/103435/

21 조희경, "Getty v Stability AI 저작권 침해 소송 사건", 〈저작권 동향〉 2023 제12호.

22 이영록, "구글 북스 프로젝트와 미국저작권법상 고아저작물의 이용", 한국저작권위원회 정책연구실 Copyright Issue Report 제8호, 2009.

23 박강민, 장진철, 안성원, "유럽연합 인공지능법(EU AI Act)의 주요내용 및 시사점", 소프트웨어정책연구소, 2024. https://spri.kr/posts/view/23764?code=issue_reports&study_type=&board_type=issue_reports&flg=

24 심소연, "규제중심의 유럽연합 인공지능법(EU AI Act)", 국회도서관 2024-04호(통권 제242호), 2024. https://nsp.nanet.go.kr/plan/subject/detail.do?nationalPlanControlNo=PLAN0000044995

25 한국관광공사 보도자료. https://knto.or.kr/pressRelease/547826

26 중앙일보, "최신 기술과 함께 그리는 디즈니의 미래", 2023년 11월 1일 자.

27 구글의 맞춤 광고 중지 설정. https://support.google.com/accounts/answer/2662922

28 광고를 위해 사용하는 데이터. https://support.google.com/ads/answer/1634057?hl=ko&ref_topic=7049263

29 Think with Google, "소비자의 클릭을 부르는 동영상 광고를 위한 팁", 2021년 3월. https://www.thinkwithgoogle.com/intl/ko-kr/marketing-strategies/data-and-measurement/%EC%86%8C%EB%B9%84%EC%9E%90%EC%9D%98-%ED%81%B4%EB%A6%AD%EC%9D%84-%EB%B6%80%EB%A5%B4%EB%8A%94-%EB%8F%99%EC%98%81%EC%83%81-%EA%B4%91%EA%B3%A0%EB%A5%BC-

%EC%9C%84%ED%95%9C-%ED%8C%81/

30 Think with Google, "식음료 업계를 위한 맛있는 디지털 성공 레시피, F&B 플레이북", 2020년 3월, P.30. https://www.thinkwithgoogle.com/intl/ko-kr/marketing-strategies/video/%EC%8B%9D%EC%9D%8C%EB%A3%8C-%EC%97%85%EA%B3%84%EB%A5%BC-%EC%9C%84%ED%95%9C-%EB%A7%9B%EC%9E%88%EB%8A%94-%EB%94%94%EC%A7%80%ED%84%B8-%EC%84%B1%EA%B3%B5-%EB%A0%88%EC%8B%9C%ED%94%BC-fb-%ED%94%8C%EB%A0%88%EC%9D%B4%EB%B6%81-%EB%B0%9C%EA%B0%84/

31 참고: Mohr, J. J., Sengupta, S., & Slater, S. F. (2010). Marketing of high-technology products and innovations. Pearson Prentice Hall. 7–17.

32 Eisend, M. (2011). How humor in advertising works: A meta-analytic test of alternative models. Marketing Letters, 22(2), 115–132.

33 나스미디어, 2024 인터넷 이용자 보고서(NPR). p.32.

34 나스미디어, 2024 NPR 타깃 리포트 20대. p.5

35 나스미디어, 2024 NPR 타깃 리포트 20대. p.5

36 한국콘텐츠진흥원, 2023년 OTT 이용행태 조사. https://www.kocca.kr/kocca/bbs/view/B0000147/2004516.do?menuNo=204153#

37 노희영 저, 《노희영의 브랜딩 법칙》, 21세기북스, 2020.

38 씽크 위드 구글, 기존의 동영상 마케팅 방식에 대한 생각을 바꿔야 하는 이유, 2024. https://www.thinkwithgoogle.com/intl/ko-kr/marketing-strategies/video/video-ad-creative-experiments/

39 연합뉴스, "'AI 귀걸이 소녀' 네덜란드 미술계 후끈…"모욕적" vs "창조적"", 2023년 3월 11일 자.

40 톱데일리, ""쫄리면 지는 거다" 버거킹의 적절했던 맥도날드 활용법", 2021년 7월 23일 자.

41 브랜드브리프, "맥도날드에 가면 와퍼가 단돈 1센트… 버거킹, 크리에이티비티로 판을 뒤집다", 2020년 5월 25일 자.

42 가트너 홈페이지. https://www.gartner.com/en/research/methodologies/gartner-hype-cycle

43 매일경제, ""100만 구독 유튜버도 적자"…수익 내기 어려운 현실", 2024년 9월 4일 자.

44 조선일보, "유튜브에 빠진 한국… 1인당 매달 40시간씩 봐", 2024년 3월 5일 자.

45 Think with Google, "YouTube에서 나타나고 있는 최신 문화 트렌드: Meet the Leaders | ④ 케빈 알로카 YouTube 문화 & 트렌드 글로벌 디렉터", 2024년 3월. https://www.thinkwithgoogle.com/intl/ko-kr/future-of-marketing/creativity/youtube-meet-the-leaders-kevin-allocca-youtube/

46 블링(2024년 12월 15일 기준).

47 블링(2024년 12월 15일 기준).

48 https://www.coca-colacompany.com/media-center/coca-cola-invites-digital-artists-to-create-real-magic-using-new-ai-platform

49 https://media.renault.com/to-mark-the-twingos-30th-birthday-renault-is-launching-reinvent-twingo-an-interactive-campaign-to-create-a-new-show-car/

50 Festinger, L., & Carlsmith, J. M. (1959). Cognitive consequences of forced compliance. Journal of Abnormal and Social Psychology, 203–210.

51 조선비즈, "메타 주가 26% 폭락…하루만에 시총 300조원 증발", 2022년 2월 4일 자.

52 2024년 7월 22일 구글의 개인정보 보호 샌드박스(Privacy Sanbox) 부사장인 앤서니 차베스(Anthony Chavez)는 회사 블로그를 통해 이 같은 내용을 발표했다. 발표 원문은 https://privacysandbox.com/news/privacy-sandbox-update/

53 연합뉴스, "'구글 광고 반독점' 소송 개시…"독점 구축" vs "경쟁 치열"", 2024년 9월 10일 자.